"No importa lo despacio que vayas,

siempre y cuando no te detengas"

Confucio

Cómo ser un TRADER EXITOSO sin fracasar en el intento

Te desvelo todos los factores a considerar con 101 cuestiones (y respuestas) que todos los TRADERS EXITOSOS debemos conocer

RUFINO VILLÉN FERNÁNDEZ

ÍNDICE:

1

AGRADECIMIENTOS

Quiero comenzar expresando mi profunda gratitud a todos los amigos y personas de todo el mundo que han estado a mi lado en este increíble viaje que es la creación de este libro. Cada uno de vosotros ha aportado su granito de arena, vuestro apoyo inquebrantable, vuestra colaboración desinteresada y vuestra participación valiosa, haciendo posible que un simple sueño se convierta en una realidad palpable, plasmada en estas páginas y en muchos otros libros que han surgido de esta pasión.

A mis padres, esposa e hija, les dedico un agradecimiento especial. Siempre han estado ahí en los momentos en que más los necesitaba, animándome a luchar incansablemente por cada proyecto e idea que ha nacido en mi mente. Su experiencia, bondad y sabiduría son un faro que ilumina mi camino cada día.

No puedo pasar por alto la gratitud que siento hacia Pavlo y Natalia, quienes han sido un pilar fundamental en nuestra familia, brindando un apoyo incalculable y contribuyendo de manera significativa a nuestro crecimiento.

Este libro no marca el final de nuestra travesía juntos. Estoy emocionado por la posibilidad de seguir colaborando en futuros proyectos, conferencias, seminarios y eventos en los que podamos compartir nuestros conocimientos en ahorro e inversión. Estoy ansioso por continuar siendo una de las piezas vitales en la maquinaria que busca difundir una educación financiera más amplia y fomentar una comprensión más profunda del mundo económico.

Además, quiero que sepas que este libro no marca un punto y final, sino más bien un punto de partida. Si alguna vez necesitas aclaraciones o deseas profundizar en alguno de los temas que hemos abordado aquí, estaré encantado de mantenernos en continuo contacto, a través de nuestro canal de YouTube "Inversores Sin Límites" o, directamente, a través de LinkedIn:

https://www.youtube.com/@inversoressinlimites/about

https://www.linkedin.com/in/rufino-v-786133268/

Quiero concluir, reiterando una vez más mi sincero y profundo agradecimiento a todos y cada uno de vosotros. Este libro y todos los logros que hemos alcanzado juntos, no habrían sido posibles sin vuestro apoyo inquebrantable.

¡Muchas gracias a todos!

SOBRE MÍ

¡Saludos a todos los apasionados del trading! Soy Rufino Villén, Licenciado en Administración y Dirección de Empresas y, además, he trabajado para grandes entidades financieras tanto a nivel internacional como nacional. Me encuentro al frente de más de dos décadas de experiencia como trader independiente, investigador constante de los mercados financieros y las criptomonedas, así como en una amplia variedad de productos de ahorro e inversión. Mi trayecto en este emocionante mundo me ha llevado no sólo a cosechar éxitos, sino también a enfrentarme a desafíos que han moldeado mi camino hacia el dominio del trading.

No me limito a operar; me sumerjo en la investigación, evolución y seguimiento constante de los tradicionales mercados financieros y el vertiginoso universo de las criptomonedas. Mi dedicación va más allá de las operaciones diarias; soy formador, coach y mentor, compartiendo mi conocimiento en eventos internacionales, webinars y programas educativos, alcanzando a miles de personas con la misión de ayudarles a lograr el éxito en el trading.

Sin embargo, déjenme desmitificar algo: el trading no es un camino fácil. No pretendo pintar una ilusión de riquezas instantáneas. Requiere formación, disciplina, constancia, gestión de riesgo, control emocional y un trabajo continuo. ¿Te suena familiar? Piensa en alguno de los mejores jugadores de tenis a nivel internacional que conozcas. Enseguida comprenderemos que, no es sólo la raqueta, el vestuario y el entrenador lo que los hacen conquistar grandes premios; sino rasgos personales e individuales de cada uno de estos grandes campeones, como son, entre otros, el entrenamiento intenso, el esfuerzo, la resistencia y la disciplina. Cualquiera de estos grandes jugadores de tenis no han pasado a ser campeones de la noche a la mañana, puesto que hay que reconocer mucho trabajo duro detrás (que no vemos) antes de conseguir alcanzar los espectaculares logros que todos conocemos. Con esto, quiero resaltar que, no hay dos traders iguales, y por lo tanto, no hay posibilidad de copiar la forma de operar de nadie.

Este mundo del trading es similar. Puedes tener las mejores estrategias, herramientas y última tecnología a tu disposición, pero el 80-90% del éxito o fracaso, va a depender directamente de ti: emociones, disciplina, formación, gestión del riesgo y habilidades personales entre otros factores. Recuerdo mis inicios en el trading, a finales de los años 90, sin indicadores automáticos -donde la mayoría de los datos los calculaba a mano o incorporándolos a una hoja de cálculo-, con datos desactualizados -los recogía directamente de la página del teletexto que mostraban los datos con una latencia de 15 minutos- y altas comisiones -mayormente estábamos obligados a trabajar con los bancos, pues no existía una amplia variedad de brókeres-. Actualmente, he llegado a un punto donde dedico de 30 a 60 minutos al día, tres días a la semana, operando en las aperturas europeas o americanas. El resto del tiempo, lo dedico a lo que amo: la familia, amigos, formación continua, la creación de nuevas estrategias y a compartir mis conocimientos contigo. Por ello, quiero dejar claro, que dependiendo de tus capacidades personales, al principio, te llevará bastante tiempo entender este mundo, incluso puede que años, pero si eres constante, disciplinado y cumples los requisitos necesarios que vas a descubrir en este libro, tendrás la oportunidad de alcanzar la consistencia para conseguir ser un trader exitoso.

No te dejes engañar. Este libro nace para desvelar mitos y leyendas sobre el trading. No existen atajos mágicos ni garantías de enriquecimiento rápido. Necesitas entrenamiento, formación y paciencia. Estoy aquí para compartir las cuestiones más frecuentes y relevantes en las que me he enfrentado durante mi trayectoria, para que puedas optar a convertirte en un TRADER EXITOSO.

Adentrémonos en mi universo, donde el **conocimiento y la perseverancia son fundamentales para el éxito en el trading**.

INTRODUCCIÓN

El contenido de este libro "Cómo ser un TRADER EXITOSO sin fracasar en el intento" es muy completo y abarca, de manera detallada, los aspectos esenciales del trading con el objetivo de alcanzar a ser un trader exitoso. Ofrece una guía sólida si buscas sumergirte en el mundo del trading y conocer de verdad todos los aspectos que rodean esta disciplina. La combinación de diversos factores como la gestión del riesgo, análisis técnico así como el enfoque en la mentalidad y el control emocional, promete proporcionar a los lectores una base consistente para aventurarse en el mundo del trading y trabajar hacia su éxito profesional.

En un mundo en constante evolución económica y financiera, la búsqueda de la libertad financiera se ha convertido en un objetivo fundamental para muchas personas, que han visto en el trading, el camino para alcanzarlo. La capacidad de tomar las riendas de nuestras finanzas y labrar nuestro camino hacia la independencia económica es una aspiración que trasciende las barreras de la edad, la ocupación y la geografía. En este viaje hacia la búsqueda de los conocimientos para ser un trader con éxito, este libro se erige como una herramienta poderosa que te ofrece oportunidades de crecimiento y transformación.

El presente libro, "Cómo ser un TRADER EXITOSO sin fracasar en el intento", se puede considerar una guía integral para que explores y domines los intrincados entresijos del mundo del trading. Desde los

11

fundamentos más básicos hasta los conceptos más avanzados, pasando por la gestión del riesgo y la comprensión de los factores psicológicos que influyen en nuestras decisiones. He diseñado este libro, para equiparte con las herramientas y el conocimiento necesario para navegar con confianza por los mercados financieros.

Estas páginas representan la culminación de más de 25 años de mi propia experiencia en el emocionante mundo del trading. A lo largo de estas dos décadas y media, he atravesado los altibajos del mercado, he aprendido de los errores, y he cultivado el conocimiento que ahora comparto contigo.

Este libro no es solo un compendio de respuestas a las 101 cuestiones esenciales del trading; es una guía profunda y perspicaz diseñada para transformar tu enfoque y catapultarte hacia el éxito financiero. Te sumergirás en un viaje que abarca desde los conceptos más básicos hasta las estrategias más avanzadas, creando una base sólida y completa para tu travesía en los mercados financieros.

El verdadero valor de este libro

Maestría desde la experiencia: No se trata solo de respuestas teóricas; cada palabra de este libro se basa en experiencias reales. Aprenderás de mis éxitos y fracasos, y cómo cada uno contribuyó a mi desarrollo como trader.

Enfoque holístico del trading: Este libro va más allá de proporcionar respuestas a cuestiones comunes. Se sumerge en cada aspecto relevante del trading, desde la psicología hasta las últimas tendencias tecnológicas, proporcionando un enfoque holístico que te preparará para cualquier desafío que encuentres en el camino.

Herramienta para novatos y expertos por igual: Ya sea que estés dando tus primeros pasos en el trading o busques perfeccionar tus habilidades, este libro está diseñado para adaptarse a tu nivel. Cada capítulo ofrece algo valioso, ya sea una introducción clara o una estrategia avanzada.

Respuestas a preguntas no formuladas: Más allá de las 101 preguntas, este libro busca responder a las interrogantes que quizás aún no te has planteado. Desvelará conceptos esenciales que te permitirán anticipar movimientos del mercado y tomar decisiones objetivas y racionales.

Herramienta de referencia constante: Este libro no es solo para leer una vez; es una herramienta de referencia constante. A medida que avanzas en tu carrera como trader, encontrarás que las respuestas a estas cuestiones fundamentales evolucionarán y se ajustarán a tu crecimiento.

Un mentor en papel: Piensa en este libro como tu mentor personal. Te guiará, te desafiará y te brindará las lecciones que he aprendido a lo largo de los años. Cada página es una conversación directa contigo, ofreciéndote orientación para cada etapa de tu viaje.

Este libro no sólo es una guía, sino un compañero de confianza que te acompañará a medida que avanzas en tu camino hacia el éxito como trader. Prepara tu mente para absorber conocimientos valiosos, adoptar estrategias efectivas y descubrir los secretos que han llevado a muchos traders a alcanzar sus metas financieras.

¿Cómo está organizado este libro?

Bienvenidos a "Cómo ser un TRADER EXITOSO sin fracasar en el intento". Como he mencionado anteriormente, este libro es el resultado de más de 25 años de experiencia en el fascinante mundo del trading, una travesía que ha abarcado desde los momentos iniciales de desconcierto hasta la maestría en la toma de decisiones financieras.

A lo largo de estas páginas, compartiré contigo las 101 cuestiones más críticas que todos los traders, ya sean novatos o expertos, deben conocer. Estas preguntas abarcan desde los conceptos fundamentales hasta estrategias avanzadas, pasando por la psicología del trading, aspectos éticos y las últimas tendencias tecnológicas.

Cada pregunta propuesta, contiene su respuesta con múltiples tips que he recogido de mi experiencia personal con los factores más frecuentas que mis alumnos y personas dedicadas al trading se han planteado a la hora de enfrentarse al mundo del trading.

Este libro está estructurado en 15 capítulos que te guiarán desde los conceptos básicos hasta los aspectos más especializados del trading. Cada capítulo está diseñado para responder a tus preguntas y proporcionarte un conocimiento consistente que te ayude a enfrentar los desafíos del mercado.

El contenido del libro está distribuido en los siguientes capítulos, donde dentro de cada capítulo se recogen los factores más relevantes y que con asiduidad se plantea todo trader:

Capítulo 1: Conceptos básicos del trading: Desde la definición de trading hasta la importancia de entender la oferta y la demanda, este capítulo establecerá los fundamentos esenciales para tu travesía en los mercados financieros.

Capítulo 2: Análisis y estrategias de trading: Profundizaremos en técnicas de análisis, desde el técnico hasta el fundamental, así como la importancia de las estrategias para que puedas tomar decisiones objetivas en el mercado.

Capítulo 3: Plataformas y herramientas de trading: Descubre cuáles son las mejores plataformas, cómo ejecutar órdenes y utilizar herramientas que maximizarán tu eficiencia como trader.

Capítulo 4: Psicología del trading: Exploraremos cómo las emociones impactan en tus decisiones y cómo mantener la disciplina y la paciencia en momentos críticos.

Capítulo 5: Tipos de trading: Desde el day trading hasta estrategias a largo plazo, este capítulo te ayudará a identificar el estilo de trading que mejor se adapte a ti.

Capítulo 6: Educación y formación en trading: Cómo aprender, la utilidad de los cursos on-line y la importancia de la formación continua para mejorar tus habilidades.

Capítulo 7: Aspectos financieros del trading: Desde la cantidad de dinero necesaria hasta cómo gestionar costos y enfrentar los desafíos financieros del trading.

Capítulo 8: Rendimiento y evaluación del trading: Cómo evaluar tu rendimiento, gestionar riesgos y aprender de tus operaciones, para mejorar constantemente como trader.

Capítulo 9: Desafíos y riesgos del trading: Abordaremos los desafíos comunes y cómo gestionar riesgos, incluyendo eventos inesperados y caídas del mercado.

Capítulo 10: Aspectos éticos del trading: Exploraremos la ética en el trading, desde el uso de información privilegiada hasta la responsabilidad social del trader.

Capítulo 11: Tecnologías emergentes y trading: Cómo las nuevas tecnologías como inteligencia artificial y criptomonedas están transformando el trading.

Capítulo 12: Estrategias específicas de trading: Desde arbitraje hasta estrategias automatizadas, este capítulo presenta diversas tácticas para operar en el mercado.

Capítulo 13: Desarrollo profesional en el trading: Cómo convertir el trading en una carrera, certificaciones relevantes y el papel de las comunidades de trading.

Capítulo 14: Estrategias de trading automático: El mundo del trading algorítmico, pros y contras, y precauciones al usar sistemas automáticos.

Capítulo 15: Aspectos sociales y ambientales del trading: La conexión entre el trading y la responsabilidad social, la incorporación de criterios éticos y ambientales en el trading.

A continuación de los 15 capítulos, encontrarás una parte destinada a la **Bibliografía:** En esta parte del libro, te proporciono una lista detallada de las fuentes consultadas y tenidas en cuenta para la elaboración de este libro. En la parte bibliográfica, se incluyen todos los libros que respaldan y permiten a los lectores verificar la información, profundizar en el tema e investigar nuevas perspectivas.

Por último, podrás encontrar **Otras publicaciones del autor:** En esta última parte del libro, podrás acceder a otras publicaciones que he elaborado y que resultan de gran interés para aquellos traders que deseen adentrarse en el mundo del trading de manera efectiva y totalmente práctica. Estas obras complementan y enriquecen el conocimiento proporcionado en este libro, ofreciendo recursos adicionales y perspectivas totalmente nuevas para ayudar a los lectores a mejorar sus habilidades y estrategias en el mundo del trading. Estas publicaciones adicionales son una valiosa fuente de información para aquellos que buscan tener éxito en esta apasionante actividad financiera.

Me complace presentarte el contenido de este fabuloso libro "Cómo ser un TRADER EXITOSO sin fracasar en el intento". Estás a punto de emprender un viaje transformador que te brindará las herramientas, los conocimientos y la confianza necesarios para tomar el control de tu destino financiero. Estoy encantado de compartir contigo este compendio de conocimientos, y estoy seguro de que este libro te será de gran utilidad en tu camino para lograr convertirte en un trader exitoso.

¡Comencemos este viaje juntos! Tu éxito como trader está a solo unas páginas de distancia.

Recuerda que el contenido de este libro es sólo educativo/formativo, y el material y la información expuesta son una expresión subjetiva de los puntos de vista y la opinión personal del autor y, bajo ninguna circunstancia el contenido publicado en el mismo debe tratarse como asesoramiento financiero o de inversión. No debes tomar decisiones financieras o de inversión basadas únicamente en el contenido de este libro: tú eres el único responsable de las decisiones y acciones de inversión que realices.

Cómo ser un TRADER EXITOSO sin fracasar en el intento

Capítulo 1: Conceptos Básicos del Trading

1. ¿Qué es el trading?

El trading se refiere a la compra y venta de activos financieros, como acciones, bonos, divisas, materias primas o derivados, con el objetivo de obtener beneficios a través de la diferencia entre el precio de compra y el precio de venta. Los individuos o instituciones que participamos en el trading se conocen como traders.

Existen diferentes formas de trading, y los participantes podemos tener enfoques y estrategias variadas. Las formas más comunes de trading incluyen:

1. Day trading: Los day traders realizamos operaciones durante el mismo día, cerrando todas sus posiciones antes del cierre del mercado.

2. Swing trading: Los swing traders mantenemos posiciones durante varios días o semanas, aprovechando las oscilaciones o "swings" en los precios de los activos.

3. Inversión a largo plazo: A diferencia del trading más activo, algunos inversores también preferimos mantener los activos durante un periodo más prolongado, basándonos en un análisis fundamental de la salud financiera de las empresas o de las tendencias macroeconómicas.

4. Trading de Forex: Se centra en el intercambio de divisas extranjeras en el mercado de divisas.

5. Trading de criptomonedas: Involucra la compra y venta de criptomonedas como Bitcoin, Ethereum, y otras en diversos mercados.

Los traders utilizamos análisis técnico, análisis fundamental y diversas herramientas para tomar decisiones objetivas sobre cuándo comprar o vender activos. El trading conlleva riesgos, ya que los precios de los activos pueden ser volátiles, y los traders podemos perder dinero si nuestras predicciones son incorrectas. Es importante destacar que el trading no es una forma garantizada de obtener beneficios, y requiere habilidad, conocimiento y, a menudo, una gestión prudente del riesgo.

2. ¿Cómo funciona el mercado financiero?

El mercado financiero es un sistema que nos facilita la compraventa de activos financieros entre los participantes. Una visión general de cómo funciona es la siguiente:

1. Participantes:

- Inversores y Traders: Somos los compradores y vendedores que buscamos obtener beneficios a través de la compraventa de activos financieros.

- Brókeres o corredores y Plataformas de Trading: Nos facilitan las transacciones y actúan como intermediarios entre los compradores y vendedores.

- Bolsas de Valores: Son lugares físicos o plataformas electrónicas donde se lleva a cabo la negociación de los activos financieros.

2. Instrumentos financieros:

- Acciones: Representan la propiedad parcial de una empresa.

- Bonos: Deuda emitida por los gobiernos o las empresas.

- Derivados: Contratos cuyo valor deriva del precio de un activo subyacente (opciones, futuros, etc.).

- Divisas: Monedas extranjeras que se negocian en el mercado de divisas (Forex).

3. Órdenes y ejecución:

- Los traders emitimos órdenes de compra o venta a través de los brókeres.

- Las órdenes se ejecutan cuando se encuentra una contraparte dispuesta a realizar la transacción al precio especificado.

4. Precios y liquidez:

- Los precios se determinan por la oferta y la demanda. Cuando hay más compradores que vendedores, los precios tienden a subir, y viceversa.

- La liquidez se refiere a la facilidad con la que podemos comprar o vender activos sin afectar significativamente su precio.

5. Regulación:

- Los mercados financieros están sujetos a regulaciones para garantizar la integridad y la transparencia.

- Las agencias reguladoras supervisan las actividades financieras y aplican normativas para proteger a los inversores y mantener la estabilidad del mercado.

6. Información y análisis:

- La información financiera, los informes corporativos, las noticias económicas y otros factores afectan a los precios de los activos.

- Los participantes utilizamos análisis técnico y fundamental para tomar decisiones objetivas.

7. Horarios de negociación: Los mercados tienen horarios específicos de operación. Algunos operan durante horas específicas del día, mientras que otros, como el mercado de divisas, están abiertos las 24 horas de lunes a viernes, y en el caso de las criptomonedas, operan los 7 días de la semana.

3. ¿Cuál es la diferencia entre invertir y hacer trading?

Invertir y hacer trading son dos enfoques diferentes para participar en los mercados financieros, y se distinguen por sus objetivos, plazos y estrategias. Una descripción significativa que recoge las diferencias entre invertir y hacer trading son:

Invertir:

1. Objetivo a largo plazo:

- Inversión: El objetivo principal es el crecimiento a largo plazo del capital.

- Trading: El objetivo es aprovechar las fluctuaciones del mercado para obtener ganancias a corto o medio plazo.

2. Horizonte temporal:

- Inversión: Se realiza con un horizonte temporal extendido, a menudo años o décadas.

- Trading: Implica transacciones más frecuentes, con horizontes temporales que van desde minutos hasta meses.

3. Selección de activos:

- Inversión: Se centra en activos que se espera que aumenten de valor con el tiempo (acciones sólidas, bonos, fondos de inversión, bienes raíces).

- Trading: Puede involucrar una variedad de activos, incluyendo acciones, divisas, opciones y otros instrumentos financieros.

4. Análisis:

- Inversión: Se basa típicamente en análisis fundamental, evaluando la salud financiera y el rendimiento a largo plazo de una empresa.

- Trading: Incluye análisis técnico y, a veces, análisis fundamental para tomar decisiones rápidas basadas en patrones y tendencias del mercado.

5. Gestión del riesgo:

- Inversión: Tiende a tener una gestión del riesgo más pasiva, confiando en la diversificación y el tiempo para mitigar las fluctuaciones del mercado.

- Trading: Requiere una gestión activa del riesgo, con estrategias específicas para limitar las pérdidas y maximizar las ganancias.

Trading:

1. Frecuencia de operaciones:

- Inversión: Implica menos transacciones, ya que los inversores no suelen comprar o vender con frecuencia.

- Trading: Involucra transacciones más frecuentes, a veces incluso diarias, para aprovechar las oportunidades a corto plazo.

2. Enfoque en la volatilidad:

- Inversión: Los inversores podemos estar dispuestos a soportar la volatilidad a corto plazo en busca de rendimientos a largo plazo.

- Trading: Se aprovecha de la volatilidad, buscando ganancias rápidas en los movimientos de los precios.

3. Habilidades y tiempo requeridos:

- Inversión: Requiere menos tiempo activo y habilidades de análisis técnico.

- Trading: Necesita habilidades analíticas más activas, atención constante a los mercados y una comprensión profunda de las estrategias de trading.

4. Emoción y psicología:

- Inversión: Se centra en la paciencia y la resistencia emocional a las fluctuaciones del mercado.

- Trading: Puede ser más emocionalmente exigente debido a la naturaleza rápida de las transacciones.

Es importante señalar que estas distinciones no son siempre estrictas, y algunos inversores podemos combinar elementos de ambas estrategias en su enfoque financiero. La elección entre invertir y hacer trading depende de los objetivos financieros individuales, el nivel de tolerancia al riesgo y el tiempo que estás dispuesto a dedicar a las actividades del mercado.

4. ¿Qué son los activos financieros?

Los activos financieros en el contexto del trading se refieren a instrumentos que representan un valor económico y pueden ser comprados o vendidos en los mercados financieros. Estos activos son la base sobre la cual los traders realizamos nuestras operaciones con el objetivo de obtener ganancias.

Los ejemplos más comunes de activos financieros incluyen:

1. Acciones: Representan la propiedad parcial de una empresa y se negocian en las bolsas de valores.

2. Bonos: Son instrumentos de deuda emitidos por gobiernos, empresas u otras entidades. Los inversores compramos bonos como préstamos a cambio de pagos de intereses regulares y la devolución del capital al vencimiento.

3. Divisas (Forex): Involucran la compra y venta de monedas extranjeras en el mercado de divisas. Los traders podemos especular sobre las tasas de cambio entre diferentes monedas.

4. Futuros y opciones: Contratos financieros que obligan a las partes a comprar o vender un activo subyacente en el futuro a un precio acordado. Los futuros y opciones son comúnmente utilizados para gestionar riesgos o especular sobre movimientos de precios.

5. Índices: Representan el rendimiento de un grupo de activos, como un conjunto de acciones. Los traders podemos especular sobre la dirección del índice en lugar de operar con activos individuales, ejemplo IBEX 35, DAX 40, etc.

6. Materias primas (Commodities): Incluyen productos básicos como oro, petróleo, trigo, etc. Los traders tenemos la opción de especular sobre los precios de estas materias primas.

7. Criptomonedas: Monedas digitales como Bitcoin, Ethereum, etc., que pueden ser intercambiadas en plataformas específicas.

La elección de activos financieros en trading depende de las preferencias particulares de cada trader, su estrategia y tolerancia al riesgo. Cada tipo de activo tiene sus propias características y riesgos asociados. Los traders realizamos análisis técnico y/o fundamental para tomar las decisiones más objetivas sobre la compra o venta de estos activos con la finalidad de obtener beneficios.

5. ¿Cuáles son los diferentes tipos de mercados (alcista, bajista, lateral)?

Los diferentes tipos de mercados se refieren a las tendencias generales de los precios en un determinado período de tiempo. Estas tendencias pueden clasificarse en tres categorías principales: alcista, bajista y lateral.

1. Mercado alcista (Bull Market):

- Características: En un mercado alcista, los precios tienden a subir de manera sostenida durante un período prolongado. Existe una confianza generalizada en la economía y en los activos financieros, lo que lleva a un aumento en la demanda y en los precios de las acciones u otros instrumentos financieros.

- Sentimiento del inversor: En esta fase, los inversores somos optimistas y tendemos a ser más propensos a comprar, anticipando ganancias continuas.

2. Mercado bajista (Bear Market):

- Características: En un mercado bajista, los precios tienden a disminuir de manera sostenida durante un período prolongado. La confianza en la economía y en los activos financieros disminuye, lo que lleva a una disminución en la demanda y en los precios de las acciones u otros instrumentos financieros.

- Sentimiento del inversor: Los inversores somos pesimistas y podemos ser más propensos a vender para evitar pérdidas adicionales.

3. Mercado lateral (Mercado en rango):

- Características: En un mercado lateral, los precios fluctúan dentro de un rango específico sin mostrar una tendencia clara al alza o a la baja. Se observan movimientos de precios dentro de ciertos límites, y no hay una dirección dominante.

- Sentimiento del inversor: El sentimiento como inversores puede ser más neutral, ya que no hay una tendencia clara y los movimientos de precios son más limitados.

Es importante destacar que estos términos se utilizan comúnmente en el contexto de los mercados financieros, como acciones, divisas, commodities y criptomonedas. Los mercados pueden cambiar de un tipo a otro en respuesta a diversos factores económicos, políticos y sociales. Los traders y los inversores solemos ajustar nuestras estrategias según el tipo de mercado en el que nos encontramos para aprovechar las oportunidades o mitigar los riesgos asociados con cada tendencia.

6. ¿Qué papel juegan los intermediarios financieros y brókeres en el trading?

Los intermediarios financieros, entre ellos los denominados brókeres, desempeñan un papel crucial en el trading al actuar como intermediarios entre los compradores y vendedores de activos financieros. Su función principal es facilitar la ejecución de transacciones y proporcionar una plataforma para que los traders realicemos operaciones en los mercados financieros. Las funciones que desempeñan los intermediarios financieros en el trading son:

1. Acceso a los mercados: Los intermediarios financieros, como brókeres o plataformas de trading on-line, nos proporcionan a los traders acceso a los mercados financieros. Esto incluye bolsas de valores, mercados de divisas, mercados de materias primas, entre otros.

2. Ejecución de órdenes: Facilitan la ejecución de órdenes de compra o venta en nombre de los traders. Los intermediarios llevan a cabo las transacciones según las instrucciones proporcionadas por los clientes, asegurando que se complete la operación de manera eficiente y al mejor precio posible.

26

3. Plataformas de trading: Proporcionan plataformas de trading on-line que nos permiten a los traders realizar análisis técnico, gestionar nuestras carteras, realizar órdenes y monitorear los movimientos del mercado en tiempo real.

4. Custodia y liquidación: Manejan la custodia de activos financieros y el proceso de liquidación de transacciones. Esto implica la confirmación y transferencia de los activos comprados o vendidos entre las cuentas de los compradores y vendedores.

5. Suministro de información: Ofrecen información y análisis de mercado, así como herramientas educativas, para ayudarnos a los traders a tomar decisiones más objetivas.

6. Apalancamiento: Algunos intermediarios financieros nos permiten a los traders utilizar apalancamiento, lo que significa operar con una cantidad de dinero que es mayor que el capital propio del trader. Esto puede aumentar tanto las oportunidades de beneficios como los riesgos.

7. Gestión de riesgos: Proporcionan herramientas y servicios para gestionar riesgos, como órdenes de stop-loss y take-profit, que nos ayudan a los traders a limitar las pérdidas y asegurar las ganancias.

8. Facilitadores de derivados: En el caso de derivados financieros como futuros y opciones, los intermediarios pueden actuar como contrapartes, facilitando la negociación de estos instrumentos.

Los intermediarios financieros son esenciales para la eficiencia y la funcionalidad de los mercados financieros al proporcionarnos a los traders y a los inversores las herramientas y los servicios necesarios para participar en el trading de manera efectiva. La elección de un intermediario adecuado puede tener un impacto significativo en la experiencia y el éxito de un trader.

7. ¿Cómo se determina el precio de un activo en el mercado?

La determinación del precio de un activo en el mercado es un proceso complejo que implica la interacción de diversos factores y participantes. Puedo resumirte los elementos más destacables que influyen en la formación de precios de en los siguientes puntos:

1. Oferta y demanda: El principio fundamental que rige la determinación de precios es la ley de oferta y demanda. Si la demanda de un activo supera a la oferta, los precios tienden a subir, y viceversa.

2. Participantes del mercado: Los inversores, traders, instituciones financieras y otros participantes del mercado desempeñan un papel crucial en la fijación de precios. Sus decisiones de compra o venta afectan directamente la oferta y la demanda.

3. Información del mercado: La información es un recurso valioso en los mercados financieros. Las noticias, informes económicos, eventos geopolíticos y otros datos influyen en las percepciones de los participantes del mercado, lo que puede impactar en la oferta y la demanda.

4. Análisis técnico: Los analistas técnicos estudiamos los gráficos de precios y utilizamos indicadores técnicos para identificar patrones y tendencias. Estas interpretaciones nos pueden influir en las decisiones de compra o venta en el trading, afectando así los precios.

5. Análisis fundamental: Los analistas fundamentales evalúamos los fundamentos económicos y financieros de un activo, como ingresos, ganancias, deudas y otros factores. La salud y perspectivas de una empresa pueden influir en la valoración de nuestras acciones.

6. Factores macroeconómicos: Elementos macroeconómicos como tasas de interés, políticas gubernamentales, inflación y condiciones económicas globales pueden afectar la valoración de los activos en general.

7. Liquidación y compensación: Los mecanismos de liquidación y compensación del mercado también juegan un papel importante. Estos procesos aseguran que las transacciones se realicen de manera eficiente y transparente, contribuyendo a la formación de precios.

8. Sentimiento del mercado: El sentimiento del mercado, que abarca las emociones y percepciones de los participantes, puede influir significativamente en la dinámica de precios. El miedo, la euforia y otros estados emocionales pueden desencadenar movimientos bruscos.

El precio de un activo en el mercado es el resultado de la interacción dinámica entre oferta y demanda, impulsada por una variedad de factores que van desde datos económicos hasta la psicología de los participantes del mercado.

8. ¿Qué es un bróker y cómo se elige uno?

Un bróker es una entidad financiera o intermediario que facilita la compra y venta de instrumentos financieros en los mercados. Los brókeres actúan como intermediarios entre los inversores y los mercados financieros, proporcionando plataformas y servicios para ejecutar transacciones.

¿Qué es un bróker?

1. **Intermediario financiero:** Un bróker facilita la ejecución de operaciones financieras en nombre de los clientes. Puede operar en diversos mercados, como acciones, bonos, divisas, materias primas, entre otros.

2. **Acceso a los mercados:** Nos proporciona a los inversores acceso a los mercados financieros, permitiéndonos comprar y vender activos.

3. **Plataformas de trading:** Nos ofrece plataformas de trading que nos permiten a los inversores realizar análisis, realizar transacciones y gestionar nuestras carteras.

4. **Investigación y análisis:** Algunos brókeres ofrecen investigación de mercado, análisis financiero y herramientas educativas para ayudarnos a los inversores a tomar decisiones más objetivas.

5. **Custodia de activos:** Puede ofrecernos servicios de custodia, almacenando los activos de los clientes de manera segura.

¿Cómo elegir un bróker?

1. **Regulación:** Es fundamental que selecciones un bróker regulado por las autoridades financieras. La regulación te proporciona una capa adicional de seguridad y garantías a todos los inversores.

2. Comisiones y tarifas: Es necesario comprender las comisiones y tarifas asociadas con la apertura de cuentas, la ejecución de operaciones y otros servicios. Busca un equilibrio entre costos y calidad de servicios.

3. Oferta de instrumentos financieros: Verifica si el bróker ofrece acceso a los mercados y activos que te interesan. Algunos brókeres se especializan en ciertos tipos de instrumentos.

4. Plataforma de trading: La plataforma de trading es tu herramienta principal. Asegúrate de que sea fácil de usar, segura y ofrezca las características que necesitas para operar.

5. Soporte al cliente: Evalúa la calidad del servicio al cliente. Un buen soporte puede ser crucial en momentos de problemas técnicos o dudas.

6. Reputación: Investiga la reputación del bróker. Lee reseñas, busca opiniones de otros usuarios y asegúrate de que la empresa tenga una historia real y que ofrezca confianza.

7. Seguridad: Asegúrate de que el bróker tenga medidas de seguridad sólidas para proteger la información personal y financiera de los clientes.

8. Tamaño de la empresa: La estabilidad financiera y el tamaño de la empresa también son factores importantes. Un bróker más grande puede ofrecer recursos y estabilidad adicionales.

9. Educación y recursos: Valora los recursos educativos que ofrece el bróker. Si eres un inversor principiante, la disponibilidad de material educativo puede ser esencial.

10. Compatibilidad con dispositivos: Asegúrate de que la plataforma de trading sea compatible con los dispositivos que planeas utilizar, ya sea un ordenador de mesa, un ordenador portátil, una tablet o un teléfono móvil.

Al tomar en cuenta estos aspectos, podrás seleccionar un bróker que se ajuste a tus necesidades y objetivos financieros. Recuerda que la elección de un bróker es una decisión personal y debe basarse en tus preferencias y requisitos específicos.

9. ¿Qué es un pip en el mercado de divisas (Forex)?

En el mercado de divisas (Forex), un "pip" es una unidad de medida utilizada para expresar el cambio en el valor entre dos monedas. La palabra "pip" proviene de "percentage in point" o "price interest point". Un pip es generalmente la unidad de medida más pequeña en la fluctuación de los precios en el mercado de divisas.

1. Definición: Un pip es la variación más pequeña en el precio de un par de divisas. En la mayoría de los casos, un pip equivale a un cambio de 0.0001 en el precio. Sin embargo, en algunos pares de divisas, especialmente aquellos que involucran el yen japonés, un pip se refiere a un cambio de 0.01 en el precio.

2. Cálculo del valor monetario: El valor monetario de un pip depende del tamaño del lote de operaciones. Para la mayoría de los pares de divisas, un lote estándar generalmente representa 100,000 unidades de la moneda base. Así, si el precio de un par de divisas cambia en un pip, el valor monetario del cambio dependerá del tamaño del lote.

Ejemplo: Supongamos que estás operando el par de divisas EUR/USD y decides comprar un lote estándar. Si el precio sube 1 pip, habría un aumento de 0.0001 en el precio. Para un lote estándar de EUR/USD, esto se traduciría en un aumento de aproximadamente 10 dólares estadounidenses (ya que 0.0001 x 100,000 = 10).

3. Importancia en el trading: Los pips son fundamentales para los traders que operamos en Forex, ya que representan los cambios mínimos en los precios. El movimiento de pips es utilizado para calcular ganancias o pérdidas, determinar el tamaño de las posiciones y establecer niveles de stop-loss y take-profit.

4. Fracciones de pips: Algunas plataformas de trading también permiten el uso de fracciones de pips, conocidas como "pipettes". Estas son subdivisiones más pequeñas que un pip estándar y permiten una mayor precisión en la medición de los movimientos de precios.

El pip es una unidad necesaria en el mercado de divisas y es un factor a considerar para entender cómo se expresan las variaciones de precios. Los traders utilizamos el concepto de pips para calcular ganancias y pérdidas, establecer niveles de entrada y salida, y gestionar riesgos en el mercado Forex.

10. ¿Cuál es la importancia de entender la oferta y la demanda en el trading?

Entender los principios de oferta y demanda en el trading es necesaria por varias razones importantes. Estos conceptos son la base del funcionamiento de los mercados y nos proporcionan información valiosa a los traders para tomar nuestras decisiones.

1. Determinación de precios: La ley fundamental de oferta y demanda establece que el precio de un activo está determinado por la interacción entre la oferta disponible y la demanda del mercado. Comprender este equilibrio es básico para evaluar la dirección probable que puedan tener los precios.

2. Identificación de tendencias: Observar cambios en la oferta y la demanda nos ayuda a los traders a identificar tendencias en el mercado. Un aumento en la demanda con una oferta constante puede indicarnos una tendencia alcista, mientras que una disminución en la demanda y un aumento en la oferta pueden señalarnos una tendencia bajista.

3. Puntos de entrada y salida: Los traders utilizamos la oferta y la demanda para identificar puntos de entrada y salida. Un aumento en la demanda puede sugerirnos un buen momento para comprar, mientras que un aumento en la oferta puede indicarnos que es momento de vender.

4. Análisis técnico: Muchas herramientas de análisis técnico se basan en la observación de patrones que reflejan cambios en la oferta y la demanda. Los indicadores como soportes, resistencias, y líneas de tendencia están intrínsecamente ligados a la relación entre la oferta y la demanda.

5. Gestión de riesgos: La comprensión de la oferta y la demanda es uno de los factores esenciales para la gestión de riesgos. Los traders evaluamos la liquidez del mercado y la profundidad de la oferta y la demanda para determinar la facilidad con la que podemos entrar o salir de una posición sin afectar significativamente los precios.

6. Impacto de noticias y eventos: Noticias, eventos económicos y cambios en las condiciones del mercado pueden tener un impacto significativo en la oferta y la demanda. Comprender cómo estas variables afectan el equilibrio puede ser significativo para anticipar los movimientos del mercado.

7. Planificación estratégica: Al entender la oferta y la demanda, los traders podemos desarrollar estrategias más objetivas. Esto implica evaluar la fortaleza de los impulsos alcistas o bajistas y anticipar posibles puntos de inversión de la tendencia.

8. Psicología del mercado: La oferta y la demanda también están vinculadas a la psicología del mercado. Un cambio en el sentimiento de los participantes puede reflejarse en movimientos en la oferta y la demanda, y comprender estos cambios psicológicos puede ayudarnos a anticipar futuros movimientos del mercado.

La oferta y la demanda son conceptos fundamentales en el trading. Comprender cómo estos factores interactúan nos proporciona a los traders información esencial para tomar decisiones objetivas sobre entradas, salidas, gestión de riesgos y estrategias de trading en general.

Capítulo 2: Análisis y estrategias de trading

11. ¿Qué es el análisis técnico y en qué se basa?

El análisis técnico es una metodología utilizada en el trading e inversión que se basa en el estudio de gráficos de precios y datos históricos del mercado para prever futuros movimientos de precios. En lugar de centrarse en factores fundamentales, como ingresos o balances financieros, el análisis técnico se enfoca en patrones y tendencias visibles en los gráficos.

Principios básicos del análisis técnico:

1. El precio descuenta todo: Uno de los principios fundamentales del análisis técnico es que toda la información disponible ya está reflejada en los precios. Esto significa que las condiciones del mercado, noticias y eventos económicos ya están incorporadas en los movimientos de precios.

2. La historia tiende a repetirse: El análisis técnico asume que los patrones y tendencias observados en el pasado tienden a repetirse en el futuro. Los analistas técnicos creemos que los movimientos de precios siguen ciertos patrones que pueden identificarse y utilizarse para tomar decisiones a la hora de realizar operativas de trading.

3. La acción del precio: El enfoque central del análisis técnico es la acción del precio. Esto implica el estudio de los movimientos y cambios en los precios a lo largo del tiempo. Los analistas técnicos creemos que el comportamiento pasado de los precios puede proporcionar pistas sobre el comportamiento futuro.

4. Las tendencias del mercado: Los analistas técnicos buscamos identificar tendencias del mercado, que pueden ser alcistas, bajistas o laterales. Utilizamos herramientas como líneas de tendencia, canales y medias móviles para identificar la dirección y fuerza de una tendencia.

5. Los soportes y resistencias: El análisis técnico presta especial atención a niveles de soporte y resistencia. El soporte es un nivel de

34

precio donde se espera que la demanda sea lo suficientemente fuerte como para evitar que el precio caiga más, mientras que la resistencia es un nivel donde se espera que la oferta frene el avance de los precios.

6. Los indicadores técnicos: Se utilizan diversos indicadores técnicos, como el Índice de Fuerza Relativa (RSI), las Bandas de Bollinger, el MACD (Convergencia/Divergencia de Medias Móviles), entre otros. Estos indicadores nos proporcionan información adicional sobre la fuerza y a dirección de un movimiento de precios.

7. El volumen de operaciones: El volumen, que representa la cantidad de activos negociados en un período de tiempo determinado, es un componente muy importante del análisis técnico. Creemos que, los movimientos de precios acompañados por un aumento significativo en el volumen son más significativos.

Bases del análisis técnico:

1. Gráficos de precios: Los analistas técnicos utilizamos diversos tipos de gráficos, como gráficos de líneas, gráficos de barras y gráficos de velas japonesas, para representar la acción del precio.

2. Patrones gráficos: Se identifican y estudian patrones gráficos como cabezas y hombros, doble techo, doble suelo, triángulos, entre otros. Estos patrones a menudo nos indican posibles inversiones de tendencia o la continuación de una tendencia existente.

3. Análisis de velas japonesas: Los analistas técnicos solemos utilizar patrones de velas japonesas para evaluar la psicología del mercado. Ciertas formaciones de velas pueden proporcionarnos señales sobre cambios en la dirección del precio.

12. ¿Cuál es la diferencia entre el análisis técnico y el análisis fundamental?

El análisis técnico y el análisis fundamental son dos enfoques distintos utilizados en el mundo del trading e inversión, y difieren en los tipos de información que consideran para tomar las decisiones. Las principales diferencias entre el análisis técnico y el análisis fundamental se pueden concentrar en los siguientes puntos:

1. Datos utilizados:

- Análisis técnico: Se basa principalmente en el estudio de gráficos de precios y datos históricos del mercado. Los analistas técnicos nos centramos en identificar patrones, tendencias y niveles de soporte/resistencia a través de la acción del precio y el uso de indicadores técnicos.

- Análisis fundamental: Utiliza información financiera y económica sobre la empresa o activo subyacente. Esto incluye factores como ingresos, ganancias, relaciones precio-ganancias (P/E), dividendos, condiciones del mercado, políticas gubernamentales y otros indicadores económicos.

2. Enfoque temporal:

- Análisis técnico: Se centra en el estudio de movimientos de precios a corto y medio plazo. Los analistas técnicos buscamos identificar patrones y tendencias que puedan proporcionarnos señales de compra o venta en el corto plazo.

- Análisis fundamental: Tiende a tener un enfoque a más largo plazo. Los análisis fundamentales tratamos de evaluar el valor intrínseco de un activo o empresa, considerando factores que podrían afectar a su desempeño a largo plazo.

3. Fuentes de información:

- Análisis técnico: Se basa principalmente en la información proporcionada por los gráficos de precios y datos del mercado. Los analistas técnicos no prestamos mucha atención a las noticias o eventos externos, ya que consideramos que toda la información relevante está reflejada en los precios.

- Análisis fundamental: Requiere información financiera y económica proveniente de informes corporativos, balances, informes económicos, noticias del mercado y otros eventos externos que puedan afectar el valor del activo.

4. Objetivos:

- Análisis técnico: Busca identificar patrones y tendencias que puedan proporcionarnos señales para tomar decisiones de compra o venta en el corto plazo. Nos enfocamos en aprovechar los movimientos de precios.

- Análisis fundamental: Busca determinar el valor intrínseco de un activo o empresa. Los analistas fundamentales intentamos identificar oportunidades de inversión a largo plazo basadas en el valor subyacente.

5. Aplicación:

- Análisis técnico: Es más comúnmente utilizado en el trading de acciones, divisas y otros instrumentos financieros de corto plazo. Los traders técnicos nos centramos en el momento o "timing" del mercado.

- Análisis fundamental: Es más comúnmente aplicado en la inversión a largo plazo, especialmente en acciones. Los inversores fundamentales localizamos acciones que se consideran subvaloradas o con un potencial de crecimiento a largo plazo.

 6. Creencias filosóficas:

- Análisis técnico: Parte de la creencia de que el precio lo descuenta todo y que los movimientos pasados pueden proporcionarnos pistas sobre el futuro.

- Análisis fundamental: Parte de la creencia de que el valor intrínseco de un activo o empresa nos determinará su precio a largo plazo, y que los movimientos a corto plazo pueden estar sujetos a la irracionalidad del mercado.

En la práctica, algunos traders e inversores utilizamos una combinación de análisis técnico y fundamental, adaptando nuestro enfoque según los objetivos y horizonte temporal. La elección entre análisis técnico y fundamental a menudo depende de las preferencias personales y estrategias individuales.

13. ¿Cómo se lee un gráfico de velas (candlestick)?

La lectura de un gráfico de velas (candlestick) es una habilidad fundamental para los traders e inversores, ya que estos gráficos nos proporcionan información detallada sobre la acción del precio en un período de tiempo específico. A continuación, te explico cómo leer un gráfico de velas:

Estructura básica de una vela (candlestick):

1. Cuerpo de la vela: El cuerpo de la vela representa la diferencia entre el precio de apertura y el precio de cierre durante un período específico. Si el cierre es más alto que la apertura, el cuerpo de la vela es alcista y suele colorearse de verde o blanco. Si el cierre es más bajo que la apertura, la vela es bajista y se colorea de rojo o negro.

2. Mechas (o sombras): Las líneas que se extienden por encima y por debajo del cuerpo de la vela se llaman mechas o sombras. La mecha superior muestra el precio más alto alcanzado durante el período, mientras que la mecha inferior muestra el precio más bajo.

Elementos del gráfico de velas:

1. Patrones de velas: Los patrones de velas son configuraciones específicas que se forman con varias velas y que a menudo indican un posible cambio en la dirección del precio. Algunos ejemplos de patrones de velas incluyen el martillo, la estrella fugaz, la envolvente alcista/bajista, entre otros.

2. Tendencias: La secuencia de velas en un gráfico puede ayudarnos a identificar tendencias del mercado. Una serie de velas alcistas indica una tendencia alcista, mientras que una serie de velas bajistas indica una tendencia bajista.

3. Soportes y resistencias: Los niveles de soporte y resistencia a menudo se pueden identificar observando los cuerpos y las sombras de las velas en el gráfico. Los niveles donde las velas han cambiado de dirección en el pasado pueden indicar áreas clave de soporte o resistencia.

4. Volumen: Aunque el volumen no se representa directamente en un gráfico de velas, algunos traders lo combinamos con el análisis de velas para obtener información adicional. Un aumento en el volumen puede confirmar la validez de un movimiento de precios.

Lectura de velas individuales:

1. Velas alcistas: Si la vela es alcista, el precio de cierre es más alto que el precio de apertura. La mecha superior muestra el precio más alto alcanzado durante el período, y la mecha inferior muestra el precio más bajo. Las velas alcistas suelen indicar un control de los compradores.

2. Velas bajistas: Si la vela es bajista, el precio de cierre es más bajo que el precio de apertura. La mecha inferior muestra el precio más bajo, y la mecha superior muestra el precio más alto. Las velas bajistas suelen indicar un control de los vendedores.

3. Cuerpo pequeño con mechas largas: Una vela con un cuerpo pequeño y mechas largas indica indecisión en el mercado. Puede sugerir una lucha entre compradores y vendedores, y a menudo se denomina "doji".

En general, la lectura de gráficos de velas implica comprender la psicología del mercado y las interacciones entre compradores y vendedores. La combinación de patrones, tendencias y niveles clave en el gráfico de velas nos ayuda a los traders a tomar decisiones sobre la dirección probable del precio.

14. ¿Cuál es la importancia de las tendencias en el trading?

Las tendencias son fundamentales en el trading y juegan un papel relevante cuando queremos tomar decisiones a la hora de operar los inversores. Varias son las razones por las cuales las tendencias son importantes en el trading, y te las detallo a continuación:

1. Identificación de oportunidades: Las tendencias nos proporcionan a los traders la oportunidad de identificar activos financieros que están experimentando movimientos direccionales. Comprender la dirección de una tendencia puede ayudarnos a los traders a tomar decisiones objetivas sobre cuándo comprar o vender.

2. Confirmación de dirección del mercado: Las tendencias pueden confirmar la dirección general del mercado. Esto es esencial para los traders que deseamos alinearnos con la tendencia predominante en lugar de operar en contra de ella, lo que podría aumentar el riesgo.

3. Establecimiento de stop-loss y take-profit: Al analizar las tendencias, los traders podemos establecer niveles de stop-loss y take-profit más efectivos. En una tendencia alcista, los stop-loss podemos colocarlos por debajo de los mínimos relevantes, mientras que los take-profit podemos ubicarlos en niveles clave de resistencia. En una tendencia bajista, la lógica sería inversa.

4. Herramienta para análisis técnico: Las tendencias son un componente esencial del análisis técnico. Los indicadores técnicos, como medias móviles, bandas de Bollinger y líneas de tendencia, los utilizamos comúnmente para identificar y confirmar tendencias. El análisis técnico basado en tendencias nos ayuda a los traders a evaluar la fortaleza y duración potencial de una tendencia.

5. Gestión de riesgos: Al comprender las tendencias, los traders podemos gestionar mejor el riesgo al ajustar el tamaño de las posiciones de acuerdo con la fuerza de la tendencia. En mercados con tendencias claras, los traders podemos optar por asignar mayores porcentajes de nuestro capital a operaciones en la dirección de la tendencia.

6. Evaluación del contexto del mercado: Las tendencias proporcionan un contexto importante para entender el comportamiento general del mercado. Esto también nos ayuda a los traders a interpretar las noticias, eventos económicos y otros factores que podrían influir en los movimientos de los precios.

15. ¿Qué son los indicadores técnicos y cómo se utilizan?

Los indicadores técnicos son herramientas utilizadas en el análisis técnico del mercado financiero para ayudarnos a los traders e inversores a tomar decisiones objetivas sobre compras y ventas. Estos indicadores se derivan de fórmulas matemáticas aplicadas a datos de precios, volumen u otros datos de mercado. A continuación comparto una breve descripción de cómo funcionan y cómo se utilizan los indicadores técnicos:

1. Medias móviles: Las medias móviles son indicadores que suavizan las fluctuaciones de precios para identificar la tendencia subyacente. Se calculan tomando el promedio de los precios de cierre durante un período específico. Las medias móviles más utilizadas se dividen en dos tipos: las medias móviles simples (SMA) y las medias móviles exponenciales (EMA). Las utilizamos para identificar la dirección de la tendencia y nos pueden servir para generar señales de compra o venta cuando los precios cruzan la media móvil.

2. RSI (Índice de Fuerza Relativa): El RSI nos miden la magnitud de los movimientos recientes de los precios para evaluar si un activo está sobrecomprado o sobrevendido. El RSI oscila entre 0 y 100 y, generalmente, lo utilizamos para identificar posibles puntos de inversión de tendencia cuando alcanza niveles extremos.

3. MACD (Convergencia/Divergencia de Medias Móviles): El MACD es un indicador de impulso que muestra la relación entre dos medias móviles de precios. Consiste en una línea principal (MACD) y una línea de señal. Los cruces entre estas líneas indican cambios en la dirección de la tendencia. También lo utilizamos para identificar la fuerza y la dirección de la tendencia.

4. Bandas de Bollinger: Estas bandas consisten en una media móvil y dos bandas que representan la desviación estándar del precio. Las bandas de Bollinger nos ayudan a identificar la volatilidad del mercado y los posibles puntos de inversión cuando los precios tocan las bandas.

5. Estocástico: El oscilador estocástico compara el precio de cierre actual con un rango de precios durante un período específico. Lo utilizamos para identificar condiciones de sobrecompra o sobreventa, lo que nos puede sugerir posibles cambios en la dirección de la tendencia.

6. Fibonacci Retracement: Basado en la secuencia de Fibonacci, este indicador nos ayuda a identificar niveles potenciales de soporte y resistencia. Se utiliza trazando líneas en los niveles clave de retroceso (38.2%, 50%, 61.8%) después de un movimiento significativo de precios.

Estos son solo algunos ejemplos de los indicadores técnicos, advirtiendo que hay muchos otros indicadores disponibles que podemos utilizar. Es importante destacar que, ningún indicador es infalible, y los traders a menudo combinamos varios indicadores para obtener una visión más completa del mercado. Además, es esencial comprender que los indicadores técnicos debemos utilizarlos en conjunto con otras formas de análisis y no deben ser la única base para tomar las decisiones de trading.

16. ¿Cuál es la función de los patrones chartistas en el análisis técnico?

Los patrones chartistas son formaciones visuales en los gráficos de precios que se utilizan en el análisis técnico para prever posibles movimientos futuros en el mercado. Estos patrones son el resultado de la interacción entre la oferta y la demanda, y los traders buscamos identificarlos para tomar decisiones objetivas sobre nuestras operaciones. La función principal de los patrones chartistas en el análisis técnico incluye:

1. Identificación de tendencias: Los patrones chartistas pueden ayudarnos a los traders a identificar la dirección de la tendencia del mercado. Algunos patrones, como los de continuación o inversión de tendencia, pueden sugerirnos si el mercado está en una fase alcista, bajista o lateral.

2. Reconocimiento de cambios de tendencia: Los patrones chartistas son especialmente útiles para detectar posibles cambios en la dirección de la tendencia. Patrones como el "doble techo" o el "doble suelo" pueden indicar una reversión de la tendencia actual.

3. Establecimiento de objetivos de precio: Los patrones chartistas, a menudo nos proporcionan objetivos potenciales de precio a alcanzar. Al medir la altura de un patrón (como un triángulo o un rectángulo) y proyectarla desde el punto de ruptura, los traders podemos tener una idea de la magnitud del movimiento esperado.

4. Confirmación de señales: Los patrones chartistas pueden confirmarnos señales generadas por otros indicadores técnicos. Por ejemplo, una señal de compra generada por un indicador como el RSI podría ser respaldada por un patrón de inversión alcista, proporcionando una mayor confianza al trader.

5. Gestión de riesgos: La identificación de patrones chartistas también pueden ayudarnos en la gestión de riesgos. Los traders podemos establecer niveles de stop-loss o take-profit en función de la estructura de los patrones y sus implicaciones para la acción del precio.

6. Psicología del mercado: Los patrones chartistas reflejan la psicología del mercado y cómo los participantes del mercado están respondiendo a las condiciones. Por ejemplo, un patrón de consolidación puede indicarnos incertidumbre, mientras que un patrón de ruptura puede señalarnos un cambio en la confianza de los traders.

Algunos ejemplos de patrones chartistas incluyen triángulos, banderas, cabezas y hombros, y doble suelo. Es importante destacar que, al igual que con otros aspectos del análisis técnico, los patrones chartistas no te garantizan el éxito en las operaciones, y los traders debemos considerarlos en conjunto con otros factores y herramientas analíticas para tomar decisiones más coherentes.

17. ¿Qué implica una estrategia de trading basada en el momentum?

Una estrategia de trading basada en el momentum se centra en aprovechar la continuación de las tendencias existentes en los precios de los activos. Esta estrategia se basa en la premisa de que los activos que han mostrado un fuerte rendimiento en el pasado tienden a seguir haciéndolo en el futuro, al menos en el corto plazo. Algunas de las características más importantes e implicaciones de una estrategia de trading basada en el momentum son:

1. Identificación de activos con rendimiento fuerte: En lugar de centrarse en análisis fundamentales como ingresos, ganancias o ratios de valoración, una estrategia de momentum se centra en identificar activos que han experimentado un fuerte rendimiento reciente. Esto puede ser determinado por el aumento de precios y la fuerza relativa en comparación con otros activos.

2. Seguimiento de tendencias: Los traders que empleamos estrategias basadas en el momentum buscamos activos que estén en una tendencia clara y que intentan unirse a esa tendencia para aprovechar los movimientos de precios continuos en la misma dirección.

3. Uso de indicadores de momentum: Los indicadores de momentum, como el Índice de Fuerza Relativa (RSI) o el Oscilador Estocástico, son herramientas comunes en este tipo de estrategias. Estos indicadores nos ayudan a evaluar si un activo está sobrecomprado o sobrevendido, lo que puede indicarnos posibles oportunidades de entrada o salida.

4. Gestión de riesgos: Dada la naturaleza de las tendencias y los movimientos de precios rápidos, la gestión de riesgos es fundamental en las estrategias de momentum. Los traders solemos establecer stop-loss y take-profit de manera disciplinada para limitar las pérdidas y asegurar las ganancias.

5. Horizonte de inversión a corto plazo: Las estrategias de momentum tienden a ser más adecuadas para operaciones a corto plazo. Los traders queremos capturar movimientos rápidos en el mercado y podemos tener posiciones abiertas durante días, semanas o, en algunos casos, meses.

6. Monitoreo constante del mercado: Dado que la estrategia se basa en cambios rápidos en la dinámica del mercado, los traders que empleamos estrategias de momentum solemos monitorear constantemente los movimientos del mercado y ajustar las posiciones según sea necesario.

7. Eventos y noticias: Los eventos y noticias que pueden afectar rápidamente el sentimiento del mercado también son relevantes en las estrategias de momentum. Los traders debemos estar atentos a anuncios económicos, informes corporativos u otros eventos que puedan tener un impacto significativo en los precios.

Es importante destacar que, si bien las estrategias de momentum pueden generar rendimientos sustanciales en períodos cortos, también conllevan un mayor riesgo. La rapidez con la que se pueden producir cambios en la dirección del mercado implica que la gestión de riesgos es esencial para evitar pérdidas significativas.

18. ¿Cuáles son las estrategias más comunes de gestión de riesgos?

La gestión de riesgos es un componente esencial en el trading y la inversión para proteger el capital y maximizar las oportunidades de ganancia a largo plazo. Entre las estrategias más comunes de gestión de riesgos están:

1. Stop-loss: Establecer niveles de stop-loss es una práctica común en la gestión de riesgos. Un stop-loss es un precio predeterminado en el cual una posición se cerrará automáticamente para limitar las pérdidas. Esto nos ayuda a los traders a definir de antemano la cantidad de riesgo que estamos dispuestos a asumir en una operación.

2. Take-profit: Establecer niveles de take-profit implica identificar un precio objetivo en el cual una posición se cerrará automáticamente para asegurar ganancias. Esto evita la codicia y ayuda a garantizar que las ganancias sean realizadas antes de que se revierta la tendencia.

3. Relación riesgo/beneficio: Antes de realizar una operación, los traders solemos calcular la relación riesgo/beneficio. Esto implica determinar cuánto estamos dispuestos a arriesgar en comparación con el beneficio potencial. Una relación riesgo/beneficio favorable significa que la posible ganancia es mayor que la posible pérdida.

4. Diversificación de cartera: Distribuir el capital entre varios activos o clases de activos puede ayudarnos a reducir el riesgo general de la cartera. Si un activo se comporta mal, otros pueden compensar esas pérdidas.

5. Tamaño de la posición: Controlar el tamaño de la posición es crucial. No arriesgar un porcentaje demasiado alto del capital en una sola operación nos ayuda a preservar el capital en caso de pérdidas y permite una recuperación más rápida.

6. Uso de órdenes trailing stop: Las órdenes trailing stop permiten que el stop-loss se ajuste automáticamente a medida que el precio se mueve a favor del trader. Esto puede ayudarnos a asegurar las ganancias y las limitar pérdidas a medida que la tendencia continúa.

7. Gestión activa del capital: Los traders podemos optar por ajustar el tamaño de la posición y el riesgo en función de las condiciones del mercado y el rendimiento reciente. Esto se conoce como gestión activa del capital.

8. Diversificación temporal: Además de diversificar entre diferentes activos, también se podemos aplicar la diversificación temporal. Esto implica realizar operaciones en diferentes momentos o marcos temporales para evitar la concentración de riesgos en un solo periodo.

9. Monitoreo continuo: La gestión de riesgos no se limita a la apertura de una posición. Los traders debemos monitorear continuamente las condiciones del mercado y ajustar nuestras estrategias y niveles de riesgo en consecuencia.

10. Análisis de correlaciones: Entender las correlaciones entre diferentes activos nos puede ayudar a los traders a anticipar cómo se moverán las posiciones que tenemos en conjunto. Esto puede influir en las decisiones de diversificación y asignación de activos.

Estas estrategias no son exclusivas y a menudo las combinamos para formar un enfoque integral de la gestión de riesgos. La clave es adaptar estas estrategias a tu estilo de trading, tolerancia al riesgo y objetivos financieros.

19. ¿Cómo se determina el tamaño de la posición adecuada?

Determinar el tamaño de la posición adecuada es una parte crítica de la gestión de riesgos y es esencial para preservar el capital y mantener una exposición razonable en el mercado. Los enfoques más comunes para determinar el tamaño de la posición son:

1. Porcentaje del capital: Muchos traders elegimos arriesgar un porcentaje fijo de nuestro capital en cada operación. Un enfoque común es arriesgar entre el 1% y el 3% del capital total en una sola operación. Esta estrategia nos ayuda a limitar las pérdidas y asegura que no se agote rápidamente el capital en caso de una serie de operaciones perdedoras.

2. Volatilidad del mercado: Algunos traders ajustamos el tamaño de posición según la volatilidad del mercado. En entornos más volátiles, podemos reducir el tamaño de la posición para limitar el riesgo, mientras que en mercados más estables podemos aumentar el tamaño de la posición.

3. Capital en riesgo: En lugar de basarse en un porcentaje fijo del capital, algunos traders determinamos el tamaño de la posición en función de la cantidad del capital que estamos dispuestos a arriesgar en una operación. Esto implica establecer un monto específico que estás dispuesto a perder si la operación va en contra de ti.

4. ATR stop loss: Al utilizar el Average True Range (ATR), un indicador de volatilidad, los traders podemos ajustar el tamaño de la posición en función de la volatilidad actual del activo. Esto nos ayuda a adaptar el riesgo a las condiciones cambiantes del mercado.

5. Distancia al stop-loss: Al determinar la distancia desde la entrada hasta el stop-loss, los traders podemos calcular cuánto estamos arriesgando en términos de puntos o pips. Luego, podemos ajustar el tamaño de posición para que la pérdida potencial esté dentro de su límite de riesgo aceptable.

6. Tamaño de la cuenta y apalancamiento: Considerar el tamaño total de la cuenta y el apalancamiento utilizado es crucial para determinar el tamaño de la posición. Utilizar un apalancamiento excesivo puede aumentar el riesgo de pérdida significativa.

7. Correlación entre activos: Si tienes múltiples posiciones abiertas simultáneamente, es importante considerar la correlación entre esos activos. Diversificar de manera efectiva puede ayudarte a reducir el riesgo general de la cartera.

8. Expectativa de la estrategia: La expectativa de tu estrategia de trading, es decir, la probabilidad de obtener ganancias en una serie de operaciones, también puede influir en el tamaño de la posición. Estrategias con una expectativa más alta pueden justificar un riesgo mayor por operación.

Es importante destacar que no hay un enfoque único para determinar el tamaño de la posición adecuada, y la elección puede depender de la tolerancia personal al riesgo, el estilo de trading y la estrategia específica utilizada. Lo fundamental es mantener un enfoque disciplinado y consistente en la gestión de riesgos.

20. ¿En qué consiste la diversificación en el trading?

La diversificación en el trading es una estrategia que implica distribuir el riesgo al invertir en diferentes activos o instrumentos financieros en lugar de concentrarse en uno solo. El objetivo principal de la diversificación es reducir la exposición al riesgo y aumentar la estabilidad de la cartera general. Los aspectos a considerar a la hora de la diversificación en el trading son:

1. Diversificación de activos: Consiste en invertir en diferentes clases de activos, como acciones, bonos, divisas, materias primas u otros instrumentos financieros. Cada clase de activo reacciona de manera diferente a las condiciones del mercado, por lo que tener una variedad de activos puede ayudarnos a suavizar las fluctuaciones de la cartera total.

2. Diversificación geográfica: Implica invertir en activos de diferentes regiones geográficas o países. Los mercados de diferentes regiones pueden tener correlaciones distintas, lo que significa que no todos reaccionarán de la misma manera ante eventos económicos o políticos.

3. Diversificación sectorial: Consiste en distribuir la inversión entre diferentes sectores de la economía. Por ejemplo, en lugar de tener todas las inversiones en tecnología, una estrategia diversificada puede incluir sectores como salud, energía, finanzas, etc. Esto nos ayuda a mitigar el riesgo asociado con la salud de un sector específico.

4. Diversificación de estrategias: Al diversificar las estrategias de trading, se pueden incorporar diferentes enfoques y estilos de inversión. Esto podría incluir combinaciones de trading a corto y largo plazo, estrategias basadas en tendencias y operaciones de rango, entre otros.

5. Diversificación temporal: Consiste en distribuir las inversiones a lo largo del tiempo. En lugar de invertir todo el capital de una vez, se realiza a lo largo de varios periodos para reducir la sensibilidad a las fluctuaciones del mercado en un momento específico.

Por otro lado, cabe indicar que los beneficios de la diversificación en el trading incluyen:

- Reducción del riesgo: Al distribuir el capital entre diferentes activos, reducimos la exposición al riesgo asociado con un activo individual. Si un activo tiene un mal comportamiento, es probable que otros actúen de manera diferente.

- Estabilidad de la cartera: La diversificación puede ayudarnos a suavizar las fluctuaciones en el valor de la cartera total. Si bien algunos activos pueden experimentar pérdidas, otros pueden experimentar ganancias, lo que equilibra la cartera.

- Aumento de oportunidades de ganancias: La diversificación puede permitir la participación en diferentes mercados y oportunidades de inversión, lo que aumenta las posibilidades de obtener ganancias en diversas condiciones del mercado.

A pesar de sus beneficios, es importante destacar que la diversificación no nos garantiza la eliminación total del riesgo y que las condiciones del mercado pueden influir en la eficacia de esta estrategia. Además, es necesario que realicemos un análisis cuidadoso y considerar factores como la correlación entre activos al aplicar la diversificación en la construcción de una cartera.

Capítulo 3: Plataformas y herramientas de trading

21. ¿Cuál es la mejor plataforma de trading para principiantes?

La elección de la mejor plataforma de trading para principiantes puede depender de varios factores, como la facilidad de uso, la educación proporcionada, las herramientas disponibles y las tarifas asociadas.

No puedo promocionar plataformas específicas, pero puedo facilitarte algunos criterios generales para ayudarte a evaluar y elegir una plataforma de trading adecuada para principiantes. Al seleccionar una plataforma, ten en cuenta los siguientes aspectos:

1. Facilidad de uso: Busca una plataforma que sea intuitiva y fácil de usar. Las interfaces amigables facilitan la navegación y la ejecución de órdenes para los principiantes.

2. Educación y recursos: Las plataformas que ofrecen materiales educativos, tutoriales y recursos formativos son beneficiosas para los principiantes. Busca plataformas que brinden información sobre conceptos de trading, análisis de mercado y estrategias.

3. Herramientas de análisis técnico: Asegúrate de que la plataforma ofrezca herramientas de análisis técnico, como gráficos, indicadores y líneas de tendencia. Estas herramientas son esenciales para realizar un análisis efectivo del mercado.

4. Cuentas demo: Las cuentas demo permiten a los principiantes practicar sus habilidades de trading sin arriesgar dinero real. Busca plataformas que ofrezcan esta opción para ayudarte a familiarizarte con la interfaz y probar estrategias.

5. Costos y comisiones: Examina los costos asociados con la plataforma, como comisiones, spreads y tarifas. Es importante comprender cómo estos costos pueden afectar tu rentabilidad.

6. Variedad de instrumentos financieros: Verifica si la plataforma ofrece una amplia gama de instrumentos financieros, como acciones, divisas, commodities, índices, etc. Esto brinda flexibilidad para diversificar tu cartera.

7. Soporte al cliente: La disponibilidad y la calidad del servicio de atención al cliente son cruciales. Asegúrate de que la plataforma ofrezca soporte eficiente y resuelva tus consultas de manera rápida.

8. Seguridad y regulación: La seguridad de tus fondos es primordial. Elige plataformas que estén reguladas por organismos financieros de gran confianza. La seguridad de la información y las medidas de cifrado también son aspectos importantes.

9. Compatibilidad con dispositivos: Verifica si la plataforma es compatible con los dispositivos que planeas utilizar (ordenadores, dispositivos móviles, tablets). Esto te permitirá acceder a tus operaciones desde cualquier lugar.

10. Opiniones y reseñas: Investiga las opiniones y reseñas de otros usuarios sobre la plataforma. Esto puede proporcionarte una perspectiva adicional sobre la experiencia de otros traders, pero sin confiar plenamente en las reseñas porque actualmente son manipulables.

Antes de comprometerte con una plataforma, es recomendable investigar y comparar varias opciones para asegurarte de encontrar la que mejor se adapte a tus necesidades y nivel de experiencia. Seguramente, es idóneo trabajar con dos o tres brókeres diferentes que te ofrecerán productos o servicios diferentes con comisiones más ajustadas a lo que realmente necesitas.

22. ¿Cómo se ejecutan las órdenes de trading en una plataforma?

La ejecución de órdenes de trading en una plataforma puede variar ligeramente según el bróker y la plataforma específica que estés utilizando, pero el proceso general sigue siendo similar. A continuación, te voy a detallar los pasos básicos involucrados en la ejecución de una orden de trading:

1. Acceso a la plataforma de trading: Inicia sesión en tu cuenta en la plataforma de trading proporcionada por tu bróker. Asegúrate de tener los detalles de tu cuenta, como nombre de usuario y contraseña, listos.

2. Análisis del mercado: Antes de ejecutar una orden, realiza un análisis del mercado para tomar decisiones que tengan un criterio objetivo. Puedes utilizar herramientas de análisis técnico y fundamental para evaluar las condiciones actuales del mercado y determinar tu estrategia.

3. Selección del instrumento financiero: Elige el instrumento financiero en el que deseas operar. Puedes seleccionar acciones, divisas, commodities, índices u otros activos disponibles en la plataforma.

4. Selección del tipo de orden: Decide el tipo de orden que deseas ejecutar. Algunos de los tipos más comunes de órdenes incluyen:

- Orden de mercado: Se ejecuta al precio actual del mercado.

- Orden limitada: Se ejecuta cuando el precio alcanza un nivel predeterminado.

- Orden stop-loss: Se utiliza para limitar las pérdidas y se activa cuando el precio alcanza un nivel especificado.

- Orden take-profit: Se utiliza para asegurar ganancias y se activa cuando el precio alcanza un nivel especificado.

5. Cantidad de la operación: Indica la cantidad de la posición que deseas abrir. Esto puede representarse en términos de lotes, acciones, contratos, etc., dependiendo del instrumento financiero.

6. Configuración de parámetros adicionales: Para órdenes limitadas, como stop-loss o take-profit, establece los niveles específicos. También puedes configurar otros parámetros, como la duración de la orden.

7. Revisión de la orden: Antes de confirmar la orden, revisa cuidadosamente los detalles, incluida la cantidad, el tipo de orden y cualquier parámetro adicional que hayas establecido.

8. Confirmación de la orden: Una vez que estés satisfecho con los detalles, confirma la orden. Algunas plataformas pueden requerir una confirmación adicional antes de ejecutar la orden.

9. Ejecución de la orden: Después de la confirmación, la orden se envía al mercado y se ejecuta al precio actual si es una orden de mercado o cuando el precio alcanza el nivel especificado si es una orden limitada.

10. Seguimiento de la operación: Después de la ejecución, puedes realizar un seguimiento de la operación utilizando la interfaz de la plataforma. Esto incluye monitorear los movimientos de precios, ajustar stop-loss o take-profit si es necesario, y cerrar la posición cuando lo desees.

Es fundamental entender los diferentes tipos de órdenes y cómo funcionan para tomar decisiones más efectivas en el trading. Además, ten en cuenta que las condiciones del mercado pueden afectar la velocidad de ejecución de las órdenes, por lo que es esencial estar preparado para diversas situaciones.

23. ¿Qué es un stop-loss y para qué se utiliza?

Un stop-loss es una orden que utilizamos en el trading para limitar las pérdidas en una posición abierta. Esta orden establece un precio predeterminado, conocido como el "nivel de stop," al cual la posición se cerrará automáticamente si el mercado alcanza o supera ese precio. El objetivo principal del stop-loss es ayudarnos a los traders a gestionar el riesgo al definir el máximo tolerable de pérdida que estamos dispuestos en asumir en una operación.

Los aspectos a considerar sobre el stop-loss y su utilidad son:

1. Protección contra pérdidas excesivas: El stop-loss actúa como una herramienta de gestión de riesgos al ayudarnos a limitar las pérdidas en una operación. Al establecer un nivel de stop-loss, los traders podemos controlar cuánto estamos dispuestos a arriesgar en una posición determinada.

2. Disciplina en la gestión de riesgos: Utilizar un stop-loss es una práctica disciplinada en la gestión de riesgos. Nos ayuda a los traders a mantener la coherencia en nuestras estrategias al seguir un enfoque estructurado para limitar las pérdidas.

3. Evita pérdidas emocionales: El stop-loss nos ayuda a prevenir que las emociones, como el miedo y la avaricia, afecten las decisiones de trading. Al tener un nivel de stop predeterminado, los traders podemos evitar tomar decisiones impulsivas en momentos de volatilidad del mercado.

4. Adaptación a cambios en las condiciones del mercado: Los mercados financieros pueden ser volátiles y experimentar cambios rápidos. El stop-loss nos permite a los traders adaptarnos a estas condiciones y cerrar posiciones automáticamente si el mercado se mueve en contra de nuestras predicciones.

5. Implementación de estrategias de manejo de riesgos: Los traders podemos utilizar el stop-loss en combinación con otras estrategias de gestión de riesgos, como la relación riesgo/beneficio. Esto implica establecer stop-loss y take-profit para asegurarnos que la relación entre la posible pérdida y ganancia sea favorable.

6. Ajuste dinámico: A medida que una operación evoluciona y el precio se mueve a nuestro favor, se puede ajustar dinámicamente el nivel de stop-loss para asegurar ganancias y proteger la inversión.

Es importante destacar que mientras que el stop-loss ayuda a limitar las pérdidas, no nos garantiza que una operación sea rentable. Los mercados pueden experimentar gaps o movimientos rápidos en los precios, lo que puede inducir a una ejecución del stop-loss a un precio diferente al establecido. Además, es primordial determinar el nivel de stop-loss basándose en un análisis técnico y considerando la volatilidad del mercado y la estrategia individual de cada trader.

24. ¿Cómo se utiliza el apalancamiento en el trading?

El apalancamiento es una herramienta que nos permite a los traders amplificar nuestra exposición al mercado utilizando un capital menor del que sería necesario para operar una posición completa. Se utiliza mediante la obtención de fondos prestados del bróker para aumentar la capacidad de negociación. Aunque el apalancamiento puede aumentar las ganancias potenciales, también conlleva un mayor riesgo de pérdidas, ya que las pérdidas se calculan sobre el monto total de la posición, no solo sobre el capital propio invertido. Los puntos a tener en cuenta sobre cómo se utiliza el apalancamiento en el trading son:

1. Proporción del apalancamiento: El apalancamiento se expresa como una proporción, como son el, 50:1, 100:1 o 500:1, que indica cuántas veces se puede multiplicar el capital propio para determinar el tamaño total de la posición. Por ejemplo, con un apalancamiento de 100:1, un trader puede controlar una posición de $100,000 con solo $1,000 de capital propio.

2. Aumento de la exposición: El apalancamiento nos permite a los traders controlar posiciones más grandes de lo que nuestro capital inicial nos permitiría. Esto puede amplificar tanto las ganancias como las pérdidas, ya que cualquier movimiento en el precio se calcula sobre la base del monto total de la posición.

3. Apalancamiento financiero: Al utilizar apalancamiento, los traders podemos obtener una mayor exposición al mercado sin necesidad de comprometer grandes cantidades de capital. Esto se conoce como apalancamiento financiero, y su objetivo es maximizar el rendimiento potencial de una inversión.

4. Uso responsable: Aunque el apalancamiento puede ser una herramienta valiosa, es esencial utilizarlo de manera responsable y consciente de los riesgos asociados. El aumento del apalancamiento también aumenta el riesgo de pérdidas significativas si el mercado se mueve en contra de la posición.

5. Gestión de riesgos: La gestión de riesgos es fundamental al operar con apalancamiento. Los traders debemos establecer niveles de stop-loss para limitar las pérdidas y evitar la posibilidad de que las pérdidas acumuladas excedan el capital disponible en la cuenta.

6. Comprensión de los costos: Además de los riesgos, los traders debemos comprender los costos asociados con el apalancamiento. Esto puede incluir el pago de intereses por el capital prestado (costo de financiamiento) y posibles cargos adicionales si las condiciones del mercado generan pérdidas que superan el capital de la cuenta.

7. Productos apalancados: El apalancamiento se utiliza comúnmente en productos financieros como divisas (Forex), materias primas, contratos por diferencia (CFD) y futuros. Cada producto puede tener reglas y características específicas en términos de apalancamiento.

8. Cuenta demo: Antes de operar con apalancamiento en una cuenta real, es aconsejable practicar en una cuenta demo para entender sus implicaciones y desarrollar una estrategia sólida y eficiente de gestión de riesgos.

Es necesario que los traders comprendamos completamente cómo funciona el apalancamiento y cómo puede afectar nuestras operaciones antes de utilizarlo en un entorno de trading real. Un uso prudente y consciente del apalancamiento puede ayudarnos a aprovechar oportunidades de mercado, pero también implica una mayor responsabilidad y atención a la gestión de riesgos.

25. ¿Qué son los robots de trading y son recomendables?

Los robots de trading, también conocidos como sistemas automáticos de trading, sistemas de trading algorítmico o simplemente "bots", son programas de software diseñados para ejecutar automáticamente operaciones de compra o venta en los mercados financieros. Estos robots siguen algoritmos predefinidos y reglas de trading para tomar decisiones sin intervención humana directa. Algunos de estos robots utilizan análisis técnico, indicadores, patrones de precios, o incluso inteligencia artificial para tomar decisiones y operaciones de trading.

Algunos detalles sobre los robots de trading y su recomendación son:

Ventajas:

1. Ejecución rápida y disciplina: Los robots de trading pueden ejecutar operaciones de manera rápida y disciplinada, sin verse afectados por emociones humanas como el miedo o la codicia. Siguen estrictamente las reglas que han sido programadas.

2. Operación las 24 horas: Los robots pueden operar las 24 horas del día, los 7 días de la semana, ya que no requieren descanso. Esto permite aprovechar oportunidades de mercado en diferentes zonas horarias.

3. Capacidad de procesamiento de datos: Pueden analizar grandes cantidades de datos de manera rápida y consistente, lo que puede ser difícil de lograr para un trader humano.

4. Eliminación de errores emocionales: Al no estar influenciados por emociones, los robots pueden ayudar a eliminar errores impulsivos o decisiones basadas en emociones.

5. Backtesting y optimización: Los robots permiten realizar pruebas retrospectivas (backtesting) para evaluar cómo habrían funcionado en datos históricos. Esto facilita la optimización de las estrategias.

Desventajas:

1. Programación compleja: Desarrollar un robot de trading efectivo requiere conocimientos avanzados de programación y una comprensión profunda de los mercados financieros.

2. Condiciones cambiantes del mercado: Los mercados financieros pueden experimentar condiciones cambiantes y eventos impredecibles. Los robots pueden tener dificultades para adaptarse a situaciones inesperadas.

3. Riesgo técnico: Pueden haber riesgos técnicos, como fallas en la conexión a Internet, errores de programación o problemas con la plataforma de trading, que podrían afectar la ejecución de las operaciones.

4. Dependencia de datos históricos: La efectividad de un robot puede depender en gran medida de cómo operó con datos históricos. Las condiciones futuras pueden diferir significativamente.

5. Costos y mantenimiento: Desarrollar y mantener un robot de trading puede ser costoso. Además, algunos robots pueden requerir actualizaciones periódicas para adaptarse a cambios en las condiciones del mercado.

Recomendaciones:

1. Conocimiento y comprensión: Antes de utilizar un robot de trading, es importante que los traders comprendan cómo funciona y tengan un conocimiento sólido de los mercados financieros.

2. Pruebas extensas: Realizar pruebas extensas en diferentes condiciones del mercado mediante el backtesting puede proporcionar una idea de cómo se comportaría el robot en diferentes escenarios.

3. Gestión de riesgos: Implementar medidas sólidas de gestión de riesgos, como los stop-loss, es esencial al utilizar robots de trading.

4. Monitoreo continuo: Aunque los robots pueden operar automáticamente, se recomienda un monitoreo constante para garantizar que estén funcionando según lo esperado y para intervenir si es necesario.

5. Diversificación: Dependiendo de la estrategia implementada, considera diversificar entre diferentes robots o estrategias para reducir el riesgo asociado con la dependencia de un solo sistema.

Los robots de trading pueden ser herramientas valiosas si se utilizan correctamente y se comprenden sus limitaciones. Sin embargo, no hay garantía de éxito, y su uso debe complementarse con un enfoque objetivo y prudente por parte del trader.

26. ¿Cuáles son las mejores fuentes de noticias financieras para traders?

Existen numerosas fuentes de noticias financieras que los traders pueden utilizar para mantenerse informados sobre los acontecimientos del mercado y tomar decisiones con criterios racionales. La elección de la fuente dependerá de las preferencias individuales y del tipo de activos en los que se esté interesado. A continuación expongo algunas de las fuentes de noticias financieras más reconocidas y utilizadas a nivel internacional:

- Bloomberg: Es una de las plataformas líderes en noticias financieras, que cubre una amplia gama de temas, desde acciones y divisas hasta materias primas y economía global. Ofrece información en tiempo real y herramientas analíticas avanzadas.

- Reuters: Es una fuente de noticias global que cubre diversos sectores, incluyendo finanzas, tecnología, salud y más. Proporciona cobertura en tiempo real y análisis de eventos económicos y políticos.

- Financial Times: Es conocido por su cobertura en profundidad de noticias financieras y económicas a nivel mundial. El Financial Times también ofrece análisis, informes y opiniones sobre una variedad de temas financieros.

- CNBC: Es una red de noticias de televisión especializada en finanzas y negocios. Su sitio web proporciona noticias en tiempo real, análisis de mercado y entrevistas con expertos.

- Wall Street Journal: Este periódico es conocido por su cobertura de noticias financieras y económicas en los Estados Unidos e internacionalmente. Ofrece informes detallados sobre eventos de mercado y tendencias económicas.

- Investing.com: Este sitio web proporciona noticias, análisis y herramientas para traders e inversores. Además de noticias, incluye gráficos en tiempo real, calendarios económicos y datos sobre una amplia variedad de instrumentos financieros.

- MarketWatch: Es parte de Dow Jones, y ofrece noticias financieras, análisis y comentarios. También proporciona herramientas para rastrear carteras y eventos del mercado.

- CNBC TV (Canal de televisión): Además de su sitio web, CNBC también ofrece una red de televisión que transmite noticias financieras y programas especializados en tiempo real.

- Yahoo Finance: Es conocido por su plataforma on-line que proporciona noticias, datos y análisis financieros. También incluye herramientas interactivas y gráficos.

- Barron's: Es una publicación semanal que se centra en noticias financieras, análisis de inversiones y comentarios de expertos. Es particularmente conocido por sus rankings y recomendaciones de acciones.

Es importante diversificar las fuentes de noticias y obtener información de múltiples lugares para obtener una perspectiva más completa. Además, es fundamental verificar la credibilidad de las fuentes y considerar diferentes opiniones antes de tomar decisiones de trading.

27. ¿Cómo se utiliza un calendario económico en el trading?

Un calendario económico es una herramienta esencial para los traders que deseamos estar al tanto de los eventos económicos y anuncios que pueden afectarnos en los mercados financieros. A continuación, te explico cómo se utiliza un calendario económico en el trading:

1. Acceso a un calendario económico: Utiliza un calendario económico on-line o también puede ser proporcionado por tu plataforma de trading. Muchos sitios web financieros y plataformas de trading ofrecen calendarios económicos gratuitos que actualizan regularmente con los eventos económicos más recientes.

2. Filtrado de eventos: Examina la lista de eventos económicos y filtra según tu interés y las regiones económicas que deseas seguir. Los eventos pueden incluir informes económicos, discursos de agentes económicos, decisiones de tasas de interés, datos de empleo, entre otros.

3. Comprender los eventos: Familiarízate con la naturaleza de cada evento listado en el calendario económico. Algunos eventos pueden tener un impacto significativo en los mercados, mientras que otros pueden tener una influencia más limitada.

4. Fecha y hora: Observa las fechas y horas de los eventos programados. La hora en la que se publiquen los datos económicos es fundamental, puesto que los mercados a menudo reaccionan rápidamente a la información recién lanzada.

5. Impacto potencial: La mayoría de los calendarios económicos clasifican los eventos según su impacto potencial en los mercados. Los eventos pueden etiquetarse como de "alto impacto", "mediano impacto" o "bajo impacto". Presta especial atención a los eventos de alto impacto, ya que tienden a generar mayores movimientos en los precios.

6. Previsión vs. Resultado real: El calendario económico generalmente incluirá las estimaciones del mercado (previsión) y los datos reales una vez que se publiquen. Observa las diferencias entre las previsiones y los resultados reales, ya que estas discrepancias pueden afectar significativamente los mercados.

7. Interrelación con instrumentos financieros: Considera cómo ciertos eventos pueden afectar a diferentes instrumentos financieros. Por ejemplo, las tasas de interés pueden influir en los pares de divisas, las acciones y los commodities de manera totalmente diferente.

8. Gestión de riesgos: Antes de un evento de alto impacto, es prudente revisar y ajustar tus posiciones abiertas según tu tolerancia al riesgo. Algunos traders optamos por cerrar posiciones antes de eventos importantes para evitar la volatilidad inesperada.

9. Seguimiento de noticias adicionales: Además del calendario económico, mantente informado sobre las noticias en tiempo real. Las noticias que surgen durante el día también pueden afectar los mercados y deben ser monitoreadas.

10. Análisis post-evento: Después de que se publiquen los datos económicos, analiza cómo afectaron los mercados. Esto puede proporcionar información valiosa para futuras estrategias y decisiones de trading.

Un calendario económico es una herramienta muy apreciada por los traders, ya que nos permite anticipar y reaccionar a eventos económicos que pueden tener un impacto significativo en los mercados financieros. La planificación, la gestión de riesgos y el seguimiento cuidadoso, son elementos a considerar al utilizar un calendario económico a la hora de hacer trading.

28. ¿Es necesario utilizar software de gráficos avanzado?

No es estrictamente necesario utilizar software de gráficos avanzado para participar en el trading. Sin embargo, el uso de herramientas gráficas más avanzadas puede ofrecernos varias ventajas a los traders, especialmente aquellos que nos dedicamos al análisis técnico. Te desglosaré algunos detalles a considerar:

Ventajas de utilizar software de gráficos avanzado:

1. Análisis técnico detallado: El software de gráficos avanzado generalmente te ofrece una amplia gama de herramientas de análisis técnico, como varios tipos de gráficos, indicadores técnicos, líneas de tendencia, retrocesos de Fibonacci, entre otros. Estas herramientas te permiten un análisis más detallado de los movimientos de precios.

2. Personalización: Muchos programas avanzados te permiten personalizar las configuraciones de los gráficos de acuerdo con las preferencias que tengas como trader. Puedes ajustar colores, tipos de gráficos, intervalos de tiempo, y más, para adaptar la plataforma a tus necesidades específicas.

3. Indicadores y osciladores: El software avanzado te suele ofrecer una amplia variedad de indicadores técnicos y osciladores que pueden ayudarnos a los traders a tomar decisiones más precisas. Esto incluye indicadores de tendencia, volatilidad, impulso y muchos más.

4. Herramientas de dibujo: Las herramientas de dibujo, como líneas de tendencia, canales y patrones gráficos, son fundamentales para el análisis técnico. Los programas avanzados te suelen proporcionar una gama completa de herramientas de dibujo que facilitan el análisis de patrones en los gráficos.

5. Acceso a datos en tiempo real: Los programas avanzados suelen proporcionar acceso a datos en tiempo real, lo que es esencial para los traders que necesitamos información actualizada para tomar decisiones rápidas.

6. Backtesting y estrategias automatizadas: Algunos softwares avanzados nos permiten a los traders realizar pruebas retrospectivas (backtesting) de estrategias de trading. Además, algunos pueden ejecutar estrategias de trading automáticamente.

7. Análisis fundamental y noticias: Algunas plataformas integran funciones de análisis fundamental y noticias económicas, lo que te proporciona una visión más completa del mercado.

Alternativas más sencillas:

1. Plataformas básicas: Muchas plataformas de bróker proporcionan gráficos básicos que pueden ser suficientes para traders principiantes o aquellos que no se centran en el análisis técnico avanzado.

2. Aplicaciones móviles: Las aplicaciones móviles de trading a menudo ofrecen gráficos simples y fáciles de entender. Son convenientes para aquellos que deseamos realizar operaciones mientras estamos en movimiento.

3. Websites gratuitos: Hay sitios web que ofrecen gráficos gratuitos con funciones básicas. Estos pueden ser útiles para quienes están comenzando y no quieren invertir en software más avanzado.

En última instancia, la elección entre software de gráficos avanzado y alternativas más sencillas depende de las necesidades y preferencias individuales de cada trader. Los traders más avanzados que dependemos en gran medida del análisis técnico y de herramientas más complejas encontraremos enormes beneficios en el uso de software avanzado. Por otro lado, los traders principiantes pueden encontrar que las plataformas más básicas son suficientes para cubrir sus necesidades.

Capítulo 4: Psicología del trading

29. ¿Cómo afectan las emociones al rendimiento del trader?

Las emociones desempeñan un papel crucial en el rendimiento de cualquier trader y pueden tener un impacto significativo en sus decisiones financieras. Podríamos considerar los siguientes impactos, dependiendo de la emoción que se establece:

1. Miedo y aversión al riesgo: El miedo nos puede llevar a tomar decisiones impulsivas como cerrar posiciones demasiado pronto o evitar oportunidades de mercado. La aversión al riesgo excesiva puede limitarnos las ganancias potenciales.

2. Avaricia y exceso de confianza: La avaricia puede conducirnos a tomar riesgos no calculados y mantener posiciones más tiempo de lo necesario. El exceso de confianza puede resultar en la falta de atención a las señales de advertencia del mercado.

3. Pánico y desesperación: En situaciones de mercado volátil, el pánico puede llevarnos a la toma de decisiones impulsivas y consiguientes pérdidas significativas. La desesperación puede hacer que un trader ignore su estrategia planificada.

4. Euforia: La euforia puede derivar en la toma de decisiones basadas en la emoción en lugar de en el análisis lógico. Los traders podemos sobrevalorar nuestra habilidad y asumir riesgos excesivos.

5. Disciplina y control emocional: La falta de disciplina puede resultar en operaciones impulsivas y falta de consistencia en seguir una estrategia. El control emocional es esencial para mantener la calma en situaciones de estrés y tomar decisiones racionales.

Algunos consejos efectivos para manejar las emociones son:

- Establecer reglas claras y seguir una estrategia de trading.

- Practicar la gestión de riesgos y establecer límites para pérdidas.

- Tomarse el tiempo necesario para tomar decisiones, evitando reacciones impulsivas.

- Evaluar regularmente el rendimiento y aprender de las experiencias, tanto positivas como negativas.

- Considerar el uso de herramientas como diarios de trading para analizar patrones emocionales.

Las emociones pueden ser tanto aliadas como enemigas en el trading. Los traders exitosos aprendemos a reconocer y manejar nuestras emociones para tomar decisiones objetivas y consistentes a lo largo del tiempo.

30. ¿Cuáles son las emociones más comunes en el trading?

En el mundo del trading, los traders experimentamos una amplia gama de emociones que pueden influir en nuestras decisiones y rendimiento. Como hemos comentado anteriormente, algunas de las causas de las emociones más comunes incluyen:

1. Miedo: Temor a pérdidas financieras, volatilidad del mercado, eventos inesperados.

2. Avaricia: Deseo excesivo de obtener ganancias, miedo a perder oportunidades lucrativas.

3. Exceso de confianza: Éxito reciente en operaciones, subestimación del riesgo.

4. Pánico: Mercado volátil, eventos inesperados, pérdidas significativas.

5. Desesperación: Pérdidas prolongadas, falta de resultados positivos.

6. Euforia: Éxito sorprendente, ganancias inesperadas.

7. Disciplina y control emocional: Falta de disciplina, dificultad para mantener la calma en situaciones de estrés.

Reconocer y manejar estas emociones es esencial para operar de manera efectiva y consistente en los mercados financieros.

31. ¿Cómo se puede mantener la disciplina en el trading?

Mantener la disciplina en el trading es esencial para lograr consistencia y éxito a largo plazo. Las estrategias que pueden ayudarte a mantener la disciplina son:

1. Establece un plan de trading: Define claramente tu estrategia de trading, incluyendo reglas específicas de entrada y salida, gestión de riesgos y tamaño de posición. Un plan sólido sirve como guía durante las operaciones.

2. Fija metas realistas: Establece metas alcanzables y realistas. Tener expectativas exageradas puede conducir a la frustración y a tomar decisiones impulsivas.

3. Utiliza órdenes stop-loss y take-profit: Implementa órdenes stop-loss para limitar pérdidas y órdenes take-profit para asegurar ganancias. Esto automatiza el proceso y evita decisiones basadas en emociones.

4. Gestión de riesgos: Limita el riesgo en cada operación, asegurándote de no arriesgar más de lo que estás dispuesto a perder. Una gestión de riesgos sólida es fundamental para la disciplina.

5. Evita operar bajo emociones extremas:- No tomes decisiones impulsivas cuando estés emocionalmente afectado. Si sientes miedo, avaricia o pánico, tómate un descanso antes de realizar cualquier operación.

6. Mantén un diario de trading: Registra cada operación en un diario de trading. Anota tus decisiones, análisis y emociones. Esto te permite evaluar y aprender de tus experiencias.

7. Establece rutinas y horarios: Crea una rutina diaria para el trading, incluyendo horas específicas para el análisis, la ejecución de operaciones y la revisión del rendimiento. La consistencia en tus acciones promueve la disciplina.

8. Actualiza y adapta tu plan: Revisa y actualiza tu plan de trading regularmente. Los mercados cambian, y tu estrategia debe ajustarse según las condiciones actuales.

9. Formación continua: Mantente informado sobre los mercados y busca mejorar constantemente tus habilidades. La educación y formación continua te brinda confianza y refuerza la disciplina.

10. Acepta las pérdidas como parte del proceso: Comprende que las pérdidas son inevitables en el trading. Aprende a aceptarlas como parte del proceso y no dejes que afecten negativamente tu disciplina.

Mantener la disciplina en el trading requiere esfuerzo constante y autocontrol. Al seguir estas estrategias, estarás mejor preparado para tomar decisiones racionales y evitar las trampas emocionales que pueden surgir en los mercados financieros.

32. ¿Cuál es la importancia de la paciencia en el trading?

La paciencia desempeña un papel fundamental en el trading y puede ser un factor determinante entre el éxito y el fracaso. A continuación relato algunas de las razones por las cuales la paciencia es necesaria en el mundo del trading:

1. Esperar las condiciones óptimas: La paciencia te permite esperar y seleccionar las oportunidades de trading que se alinean mejor con tu estrategia. No todas las condiciones de mercado son ideales, y ser paciente nos ayuda a evitar operaciones impulsivas.

2. Resistir la tentación de operar en exceso: La paciencia te ayuda a resistir la tentación de operar en exceso, lo que significa evitar realizar operaciones por impulso o sin una base sólida. La sobreoperación nos puede llevar a pérdidas innecesarias.

3. Dejar que las operaciones se desarrollen: Una vez que has ingresado en una operación, la paciencia es clave para permitir que el mercado se desarrolle. No debemos cerrar posiciones prematuramente y dejar tiempo para que la operación alcance su potencial de beneficio.

4. Manejar las oscilaciones del mercado: Los mercados financieros son inherentemente volátiles, y la paciencia te ayuda a mantener la calma durante las oscilaciones. No tenemos que dejarnos llevar por las fluctuaciones a corto plazo y debemos centrarnos en la tendencia a largo plazo.

5. Evitar la impaciencia en épocas de inactividad: En momentos de baja volatilidad o tendencias laterales, es posible que no haya muchas oportunidades de trading. La paciencia te ayuda a evitar la impaciencia y la toma de decisiones apresuradas que podrían resultar, en la mayoría de los casos, en pérdidas.

6. Tomar decisiones objetivas: La paciencia te permite realizar un análisis completo y tomar decisiones objetivas. Actuar de manera impulsiva a menudo conduce a errores que podríamos evitar con un enfoque más reflexivo.

7. Reducir el estrés y la presión: La paciencia te ayuda a reducir el estrés y la presión asociados con el trading. Los traders pacientes podemos mantener una perspectiva a largo plazo y no nos vemos afectados por las fluctuaciones diarias del mercado.

8. Aprender y mejorar con el tiempo: La paciencia es esencial para el proceso de aprendizaje continuo. Los traders pacientes estamos dispuestos a aprender de nuestras experiencias, ajustar las estrategias y mejorar con el tiempo.

La paciencia en el trading no solo significa esperar, sino también de mantener la calma, tomar decisiones racionales y resistir las presiones emocionales. Los traders pacientes somos más propensos a construir una carrera sostenible y exitosa en los mercados financieros.

33. ¿Cómo superar una racha de pérdidas en el trading?

Superar una racha de pérdidas en el trading puede ser desafiante, pero es determinante para mantener una mentalidad positiva y evitar que las pérdidas afecten tu confianza y desempeño. A continuación te resalto las estrategias más relevantes para manejar y superar una racha de pérdidas:

1. Evalúa tu estrategia: Revisa tu estrategia de trading. ¿Sigues las reglas de tu plan? ¿Hay algún ajuste necesario? Asegúrate de que tu enfoque esté alineado con las condiciones actuales del mercado.

2. Gestión de riesgos: Asegúrate de que tu gestión de riesgos esté en su lugar. No arriesgues más de lo que estás dispuesto a perder en cada operación. Ajusta el tamaño de tu posición según las condiciones del mercado.

3. Mantén la calma y la disciplina: Evita tomar decisiones impulsivas o cambiar tu estrategia debido a pérdidas recientes. Mantén la disciplina y la calma, y continúa siguiendo tu plan de trading.

4. Ajusta tus expectativas: Ajusta tus expectativas de manera realista. Las rachas de pérdidas son normales en el trading, y es importante aceptarlas como parte del proceso. No esperes ganancias constantes en todos los momentos del mercado.

5. Realiza una revisión psicológica: Examina tus emociones y actitudes hacia las pérdidas. La autoconciencia es crucial para superar las dificultades emocionales asociadas con las rachas de pérdidas. Si es necesario, considera hablar con un mentor o un coach de trading.

6. Toma un descanso: Si te sientes abrumado, considera tomar un descanso. A veces, alejarte del mercado por un tiempo puede ayudarte a recuperar la perspectiva y reducir el estrés.

7. Aprende de tus errores: Analiza cada operación y pérdida. ¿Hubo algún error específico? ¿Pudiste haber hecho algo diferente? Aprender de tus errores es una parte determinante del crecimiento como trader.

8. Diversifica tus operaciones: Si tu racha de pérdidas se debe a la concentración en un solo activo o tipo de operación, considera diversificar tu cartera. La diversificación puede ayudar a mitigar el riesgo.

9. Enfócate en el proceso, no en los resultados: Cambia tu enfoque de los resultados a largo plazo en lugar de las pérdidas a corto plazo. Enfócate en seguir tu estrategia y en mejorar continuamente como trader.

10. Consulta con otros traders: Comparte tus experiencias y busca el consejo de otros traders, especialmente aquellos con más experiencia. Pueden ofrecerte perspectivas valiosas y sugerencias para superar rachas difíciles.

Recuerda que las rachas de pérdidas son inevitables en el trading, pero según cómo las manejas y te recuperas de ellas, es lo que define tu éxito a largo plazo. Aprender y adaptarte a las condiciones del mercado es una parte esencial de la evolución como trader.

34. ¿Cuál es el papel de la intuición en el trading?

La intuición en el trading es un tema debatido. Algunos traders creen que la intuición puede desempeñar un papel útil, mientras que otros insisten en que las decisiones deben basarse únicamente en análisis técnico y fundamental. A continuación, podrás explorar las diferentes perspectivas sobre el papel de la intuición en el trading:

1. Perspectiva a favor de la intuición:

- Reconocimiento de patrones: Algunos traders experimentados podemos creer desarrollar una intuición para reconocer patrones en los gráficos y entender las sutilezas del mercado basándonos en nuestra experiencia acumulada.

- Toma de decisiones rápidas: En situaciones rápidas y cambiantes, la intuición puede permitirnos a los traders tomar decisiones rápidas cuando no hay tiempo para un análisis exhaustivo.

2. Perspectiva crítica de la intuición:

- Emociones y sesgos: La intuición a veces puede estar influenciada por emociones y sesgos cognitivos, lo que podría llevar a tomar decisiones impulsivas y cometer ciertos errores.

- Falta de base lógica: Algunos críticos argumentan que la intuición carece de una base lógica sólida y que las decisiones basadas en análisis objetivo son más fiables a largo plazo.

3. Enfoque integrador:

- Complemento al análisis técnico y fundamental: Algunos traders adoptamos un enfoque integrador, utilizando la intuición como un complemento a un análisis técnico y fundamental más tradicional.

- Validación de decisiones: La intuición a veces la utilizamos para validar decisiones basadas en análisis más sólidos. Si la intuición coincide con un análisis objetivo, algunos traders podemos sentirnos más seguros en nuestras decisiones.

4. Desarrollo de la intuición:

- Experiencia y práctica: La intuición en el trading puede desarrollarse con la experiencia y la práctica continua. Los traders más experimentados podemos aprender a interpretar de manera intuitiva las señales del mercado.

- Entrenamiento mental: Algunos traders practicamos técnicas de entrenamiento mental para mejorar nuestra intuición, como la meditación y la visualización.

En última instancia, la relación entre la intuición y el trading puede variar según el enfoque individual de cada trader. Es importante destacar que, independientemente de la inclusión de la intuición, es esencial respaldar las decisiones con un análisis sólido y seguir una estrategia de trading bien definida. La combinación de intuición y análisis objetivo puede ser una estrategia viable para algunos, pero siempre se debe tener cuidado de no depender exclusivamente de la intuición, especialmente sin una base lógica totalmente sólida.

35. ¿Cómo evitar el sobreapalancamiento motivado por la codicia?

Evitar el sobreapalancamiento motivado por la codicia es crucial para la gestión de riesgos y la preservación del capital en el trading. A continuación, expongo algunas estrategias que te ayudarán para prevenir el sobreapalancamiento:

1. Establece límites de apalancamiento: Define límites claros para el apalancamiento que estás dispuesto a utilizar en tus operaciones. Esto puede ayudarte a evitar que la codicia te lleve a aumentar el apalancamiento más allá de niveles seguros.

2. Implementa reglas de gestión de riesgos: Establece reglas específicas de gestión de riesgos, como el tamaño máximo de posición en relación con tu capital total. Adhiérete estrictamente a estas reglas, independientemente de las oportunidades de mercado.

3. Fija objetivos de beneficio y pérdida: Antes de abrir una operación, establece objetivos de beneficio y pérdida. Esto te ayuda a tener una estrategia clara y evita que la codicia te haga aferrarte a posiciones ganadoras demasiado tiempo.

4. Evita operar bajo estrés emocional:- La codicia a menudo se manifiesta en momentos de euforia o exceso de confianza. Evita operar cuando estés emocionalmente afectado, ya que esto podría llevarte a asumir riesgos innecesarios.

5. Realiza revisiones regulares: Revisa regularmente tu historial de operaciones para evaluar si estás siguiendo tus reglas de apalancamiento y gestión de riesgos. Identifica patrones que puedan indicar comportamientos impulsivos y corrígelos.

6. Diversifica tu cartera: Evita concentrarte demasiado en un solo activo o tipo de operación. Diversificar tu cartera puede ayudarte a reducir el riesgo asociado con movimientos bruscos en un mercado específico.

7. Mantén una mentalidad a largo plazo: Enfócate en una mentalidad a largo plazo en lugar de buscar ganancias rápidas. La codicia a menudo está relacionada con el deseo de obtener beneficios significativos en poco tiempo.

8. Consulta con otros traders: Comparte tus decisiones y estrategias con otros traders, especialmente con aquellos más experimentados. Obtener retroalimentación externa puede ayudarte a mantenerte en el camino correcto y evitar decisiones impulsivas motivadas por la codicia.

9. Establece objetivos realistas: Establece expectativas realistas en términos de rendimiento y beneficio. La codicia puede surgir cuando se esperan rendimientos exagerados, lo que lleva a asumir riesgos innecesarios.

10. Apunta a la consistencia: En lugar de buscar grandes ganancias en operaciones individuales, apunta a la consistencia a lo largo del tiempo. La consistencia en la ejecución de tu estrategia puede ser más valiosa que la búsqueda de operaciones excepcionales.

Al tener un enfoque disciplinado y seguir reglas estrictas de gestión de riesgos, puedes reducir significativamente las posibilidades de caer en el sobreapalancamiento motivado por la codicia. La gestión consciente de estos aspectos es esencial para un trading exitoso y sostenible.

36. ¿Cómo manejar el estrés asociado al trading?

El estrés es una parte inherente del trading debido a la naturaleza incierta y volátil de los mercados financieros. Sin embargo, es necesario aprender a manejar el estrés de manera efectiva para tomar decisiones racionales y preservar la salud mental. Algunas de las estrategias más eficaces para gestionar el estrés asociado al trading son:

1. Desarrolla una estrategia sólida: Tener una estrategia de trading clara y bien definida puede proporcionarte un marco sólido que reduzca la incertidumbre y, por lo tanto, el estrés. Esto incluye establecer reglas claras de entrada y salida, así como prácticas de gestión de riesgos.

2. Establece objetivos realistas: Fija metas alcanzables y realistas. Tener unas expectativas exageradas pueden aumentar la presión y el estrés. Alinea tus objetivos con tu nivel de experiencia y las condiciones del mercado.

3. Practica la gestión de riesgos: Implementa estrategias de gestión de riesgos efectivas, como establecer límites de pérdidas y utilizar órdenes stop-loss. La gestión de riesgos adecuada puede reducir la ansiedad asociada con las pérdidas.

4. Establece rutinas y horarios: Crea una rutina diaria para el trading que incluya horas específicas para el análisis, la toma de decisiones y la revisión del rendimiento. Esto puede proporcionar estructura y reducir el estrés asociado con la incertidumbre.

5. Practica la mindfulness y la meditación: La práctica de la atención plena y la meditación pueden ayudarte a mantenerte centrado en el momento presente y a reducir la ansiedad relacionada con el futuro. Dedica tiempo a la relajación y la reflexión.

6. Ejercicio regular: La actividad física regular es otro aspecto importante para reducir el estrés. El ejercicio libera endorfinas, que actúan como analgésicos naturales y mejoran el estado de ánimo.

7. Desconéctate ocasionalmente: Tomarte descansos ocasionales del trading puede ser beneficioso. Desconéctate de las pantallas, realiza actividades que disfrutes y permítete tiempo libre para recargar energías.

8. Aprende de las experiencias: En lugar de ver las pérdidas como fracasos, míralas como oportunidades de aprendizaje. Analiza tus operaciones, identifica áreas de mejora y aplica estos conocimientos en el futuro.

9. Establece un círculo de apoyo: Comparte tus experiencias y preocupaciones con otros traders, amigos o mentores. A veces, hablar sobre tus desafíos puede aliviar la carga emocional y proporcionar perspectivas valiosas.

10. Consulta a profesionales: Si el estrés persiste y afecta tu bienestar, considera consultar a profesionales de la salud mental. Un terapeuta o consejero puede ofrecer herramientas y estrategias adicionales para manejar el estrés.

El manejo del estrés en el trading es un proceso continuo que requiere práctica y autoevaluación constante. Al adoptar estas estrategias, puedes mejorar tu capacidad para enfrentarte a situaciones estresantes y tomar decisiones más racionales en el mercado.

37. ¿Cuáles son los errores más comunes de los traders novatos?

Los traders novatos a menudo cometen una serie de errores comunes debido a la falta de experiencia y comprensión completa de los mercados financieros. Algunos de los errores más frecuentes que he observado son:

1. Falta de un plan de trading: Muchos traders novatos no tienen un plan de trading sólido. Operan impulsivamente sin reglas claras de entrada, salida, gestión de riesgos y objetivos, lo que generalmente, les llevan a pérdidas significativas.

2. Sobreapalancamiento: El uso excesivo de apalancamiento es uno de los errores más peligrosos. Los traders novatos a veces subestiman el riesgo asociado con el apalancamiento, lo que puede traducirse en pérdidas rápidas y devastadoras.

3. Operar sin estrategia: Algunos traders principiantes confían en la suerte o en corazonadas en lugar de adoptar una estrategia basada en análisis técnico o fundamental. La falta de enfoque puede llevarlos a la toma de decisiones irracionales.

4. No practicar en una cuenta demo:- No practicar lo suficiente en una cuenta demo antes de operar con dinero real es un error común. La falta de experiencia práctica puede ocasionar grandes pérdidas evitables.

5. No gestionar el riesgo: La gestión de riesgos es fundamental en el trading, pero algunos traders novatos no establecen límites claros para las pérdidas y no utilizan órdenes stop-loss. Esto puede conducir a la obtención de pérdidas significativas.

6. Emociones descontroladas: Las emociones como la codicia, el miedo y la impaciencia pueden afectar negativamente las decisiones. Los traders novatos, a veces, dejan que las emociones guíen sus acciones en lugar de seguir su plan de trading.

7. Seguir a la multitud: Copiar las acciones de otros traders sin realizar una investigación propia es un error común. La falta de una comprensión de las decisiones adoptadas, pueden llevarlos a pérdidas sin sentido.

8. No aprender de las pérdidas: Algunos traders novatos no pueden evitar enfrentarse a pérdidas, y no dedican un poco tiempo para aprender de ellas. La capacidad de analizar y ajustar en base a las pérdidas es esencial para el crecimiento como trader.

9. No diversificar: Concentrarse demasiado en un solo activo o tipo de operación sin diversificar la cartera puede aumentar el riesgo. Los traders novatos a veces no aprecian la importancia de la diversificación.

10. Falta de paciencia: La impaciencia puede llevar a operar en exceso y a tomar decisiones precipitadas. Algunos traders novatos buscan ganancias rápidas sin esperar a que sus estrategias se desarrollen.

11. No mantener un registro de operaciones: No llevar un registro detallado de las operaciones es un error. El seguimiento de las decisiones y resultados ayuda a evaluar y mejorar el rendimiento a lo largo del tiempo.

Evitar todos estos errores requiere educación, práctica y paciencia. Los traders novatos pueden beneficiarse al aprender de la experiencia de otros, utilizar cuentas demo antes de operar con dinero real y adoptar un enfoque disciplinado hacia el trading.

Capítulo 5: Tipos de trading

38. ¿Qué es el day trading y en qué se diferencia del swing trading?

El day trading y el swing trading son dos enfoques distintos en el mundo del trading, diferenciándose principalmente en el horizonte temporal de las operaciones y las estrategias aplicadas. A continuación te explico cada uno de ellos y sus diferencias:

Day trading:

1. Horizonte temporal: El day trading implica la apertura y cierre de posiciones dentro del mismo día de negociación. Los day traders no dejamos posiciones abiertas de un día para otro.

2. Frecuencia de operaciones: Los day traders realizamos múltiples operaciones en una sola sesión de trading, aprovechando pequeños movimientos de precio.

3. Análisis técnico: El análisis técnico es significativo en el day trading, ya que nos centramos en patrones de gráficos, indicadores técnicos y movimientos de precios intradía.

4. Gestión de riesgos: La gestión de riesgos es fundamental, ya que las posiciones las mantenemos durante un corto período. Los day traders solemos usar órdenes stop-loss y establecer límites estrictos para las pérdidas.

5. Requiere tiempo activo: El day trading requiere una dedicación de tiempo más activa, ya que los traders debemos estar atentos a los movimientos del mercado durante toda la sesión.

Swing trading:

1. Horizonte temporal: El swing trading tiene un horizonte temporal más amplio en comparación con el day trading. Las operaciones pueden durar varios días, semanas o incluso meses.

2. Frecuencia de operaciones: Los swing traders realizamos menos operaciones en comparación con los day traders. Buscamos aprovechar movimientos del precio más extensos en el mercado.

3. Análisis técnico y fundamental: Los swing traders solemos combinar análisis técnico y fundamental para tomar decisiones. Analizamos patrones de gráficos, tendencias y también consideramos factores fundamentales.

4. Gestión de riesgos: Aunque la gestión de riesgos sigue siendo importante, los swing traders podemos permitirnos un poco más de flexibilidad en términos de establecer stop-loss más amplios debido al horizonte temporal más largo.

5. Requiere menos tiempo activo: El swing trading no requiere la misma atención constante que el day trading. Los traders podemos realizar análisis y tomar decisiones a lo largo del día, pero no necesitamos estar pegados a las pantallas todo el tiempo.

La principal diferencia entre el day trading y el swing trading radica en el horizonte temporal de las operaciones y la frecuencia de las transacciones. El day trading se centra en operaciones intradía, mientras que el swing trading busca aprovechar movimientos de precio más extensos a lo largo de varios días o semanas. Ambos enfoques tienen sus propias ventajas y desafíos, y la elección entre ellos dependerá de los objetivos y preferencias del trader individual, e incluso se puede optar por una combinación de ambos enfoques.

39. ¿Cómo seleccionar acciones para el day trading?

Seleccionar acciones para el day trading implica un análisis cuidadoso y la consideración de varios factores. Los pasos y criterios que puedes seguir al elegir acciones para el day trading son:

1. Liquidez: Opta por activos (acciones, materias primas, índices, criptomonedas, divisas…) altamente líquidos. La liquidez es esencial en el day trading, ya que te facilita la entrada y salida de posiciones sin afectar significativamente los precios.

2. Volatilidad: Busca activos que exhiban volatilidad. Los day traders solemos aprovechar los movimientos de precio intradía, y la volatilidad proporciona oportunidades para ganancias.

3. Spread ajustado: Un spread ajustado entre el precio de compra y el precio de venta es importante. Un spread más estrecho reduce los costos de transacción y mejora la rentabilidad.

4. Volumen de operaciones: Verifica el volumen de operaciones. Un alto volumen indica interés del mercado y una mayor probabilidad de ejecución rápida de órdenes.

5. Tendencias claras: Busca activos con tendencias claras. Las tendencias intradía pueden ofrecer oportunidades para seguir la dirección del mercado.

6. Eventos y noticias: Mantente informado sobre eventos y noticias que puedan afectar los activos que estás considerando. Los anuncios corporativos, informes de ganancias u otros eventos pueden influir en los precios.

7. Catalizadores técnicos: Utiliza análisis técnico para identificar patrones, niveles de soporte/resistencia y otras señales técnicas que puedan indicar oportunidades de trading.

8. Condiciones del mercado general: Considera las condiciones generales del mercado. En un mercado alcista, es posible que prefieras buscar oportunidades alcistas, mientras que en un mercado bajista, podrías buscar posiciones cortas.

9. Horarios específicos: Algunos day traders prefieren operar en momentos específicos del día, como la apertura o el cierre del mercado, cuando la volatilidad tiende a ser más alta.

10. Estudio y prueba: Realiza estudios y pruebas en papel antes de operar con dinero real. Esto te ayudará a familiarizarte con las características de los activos que estás considerando.

11. Establece objetivos y stop-loss: Antes de entrar en una operación, establece objetivos de beneficio y niveles de stop-loss. Esto te ayudará a mantener la disciplina y a gestionar el riesgo.

Recuerda que la selección de los activos para el day trading es una habilidad que se desarrolla con el tiempo y la experiencia. La práctica constante, el análisis del rendimiento y la adaptación a las cambiantes condiciones del mercado son importantes para mejorar en esta área. Además, ten en cuenta tus propias preferencias y estilo de trading al elegir los activos en los que deseas invertir.

40. ¿Cuáles son las ventajas y desventajas del trading intradía?

El trading intradía, también conocido como day trading, tiene sus propias ventajas y desventajas. A continuación, voy a presentarte algunos de los aspectos positivos y negativos asociados con esta forma de operar en los mercados financieros:

Ventajas del trading intradía:

1. Oportunidades de beneficio rápido: Los traders intradía buscamos aprovechar movimientos de precios a corto plazo, lo que puede conducir a oportunidades de beneficio rápidas en un solo día de negociación.

2. Evitar riesgos nocturnos: Al cerrar todas las posiciones al final del día, los traders intradía evitamos los riesgos asociados con eventos y movimientos de precios que ocurren fuera del horario comercial regular.

3. Menor riesgo de pérdida nocturna: Al no mantener posiciones abiertas durante la noche, los traders intradía estamos protegidos contra eventos inesperados que podrían resultar en pérdidas significativas mientras dormimos.

4. No requiere grandes capitales: En comparación con estrategias de inversión a más largo plazo, el trading intradía no siempre requiere grandes capitales. Los traders podemos aprovechar el apalancamiento para operar con sumas relativamente pequeñas.

5. Flexibilidad de horarios: Los traders intradía tenemos la flexibilidad de elegir cuándo operar durante el día, lo que nos permite adaptarnos a diferentes horarios y estilos de vida.

6. Enfoque más activo: Si disfrutas de la acción y el enfoque activo del trading, el day trading puede ser más emocionante y estimulante en comparación con estrategias a más largo plazo.

Desventajas del trading intradía:

1. Mayor presión emocional: La necesidad de tomar decisiones rápidas y gestionar el riesgo en un corto período puede generarte mayor presión emocional sobre todo si estás comenzando en el trading, lo que puede afectarte en la toma de decisiones.

2. Costos de transacción: Dado que los traders intradía realizamos múltiples operaciones en un día, los costos de transacción pueden sumarse rápidamente, afectando la rentabilidad.

3. Requiere tiempo activo: El day trading requiere una dedicación de tiempo más activa. Los traders debemos estar atentos a las pantallas durante la sesión de negociación, lo que puede no ser factible para todos.

4. Estrés y agotamiento: La naturaleza intensiva y rápida del trading intradía puede provocarnos estrés y agotamiento, especialmente para aquellos que no gestionan adecuadamente la presión emocional.

5. Dependencia de movimientos pequeños: Los traders intradía dependemos de movimientos de precios relativamente pequeños para obtener beneficios, lo que puede limitar las oportunidades de ganancias en comparación con estrategias a más largo plazo.

6. Dificultad para principiantes: El day trading puede ser desafiante para los principiantes debido a la necesidad de habilidades analíticas rápidas, gestión de riesgos efectiva y control emocional.

7. Menos tiempo para investigación: Puesto que los traders intradía debemos tomar decisiones rápidas, a veces tenemos menos tiempo para realizar una investigación exhaustiva en comparación con estrategias a más largo plazo.

Es importante que los traders evalúen cuidadosamente estas ventajas y desventajas, considerando sus objetivos, nivel de experiencia y tolerancia al riesgo antes de comprometerse con el trading intradía. Cada estilo de trading tiene sus propias características y no hay un enfoque único que funcione para todos.

41. ¿En qué consiste el swing trading y cuáles son sus plazos típicos?

El swing trading es un enfoque de trading que busca capturar "oscilaciones" o "swings" en el precio de un activo en un marco de tiempo más amplio que el day trading. A diferencia del day trading, donde las posiciones se cierran al final del día, el swing trading puede implicar la retención de posiciones durante varios días, semanas o incluso meses. A continuación, te voy a explicar en qué consiste el swing trading y cuáles son sus plazos típicos:

Características del swing trading:

1. Horizonte temporal: El swing trading se centra en movimientos de precios que se extienden más allá de un solo día de negociación. Los traders buscamos aprovechar las tendencias o oscilaciones que pueden desarrollarse en el mercado durante un período más prolongado.

2. Análisis técnico: El análisis técnico es una herramienta fundamental en el swing trading. Los traders estudiamos patrones de gráficos, niveles de soporte/resistencia y otros indicadores técnicos para identificar oportunidades de entrada y salida.

3. Gestión de riesgos: La gestión de riesgos sigue siendo crucial en el swing trading. Los traders solemos establecer stop-loss y objetivos de beneficio, y buscamos mantener un equilibrio entre el riesgo y la recompensa.

4. Tendencias y patrones: Los traders de swing buscamos aprovechar las tendencias y patrones que pueden persistir durante varios días o semanas. Identificar tendencias alcistas o bajistas es esencial para el éxito en el swing trading.

5. Evitar el ruido del mercado intradía: A diferencia del day trading, los swing traders podemos evitar el ruido del mercado intradía y tomar decisiones basadas en movimientos de precios más significativos.

6. Flexibilidad de horarios: Aunque implica retener posiciones por más tiempo que el day trading, el swing trading ofrece más flexibilidad en términos de horarios en comparación con estrategias a más largo plazo, como el buy and hold.

Plazos típicos del swing trading:

Los plazos típicos para el swing trading pueden variar, pero generalmente los podemos clasificar en las siguientes categorías:

1. Swing trading a corto plazo:

- Plazo: Días a una o dos semanas.

- Busca capturar movimientos más rápidos en el mercado sin comprometerse a retener posiciones por mucho tiempo.

2. Swing trading a medio plazo:

- Plazo: Varias semanas a algunos meses.

- Busca aprovechar tendencias y oscilaciones más significativas en el mercado, manteniendo posiciones durante un período más extenso.

3. Swing trading a largo plazo:

- Plazo: Meses a varios meses.

- Los traders de swing a largo plazo buscamos capturar movimientos más sostenidos y significativos en el mercado, manteniendo posiciones durante períodos más prolongados.

El plazo específico dependerá de las preferencias del trader, sus objetivos financieros y la estrategia utilizada. Algunos traders podemos combinar diferentes plazos en su enfoque de swing trading para diversificar nuestras operaciones. En general, el swing trading se sitúa entre el day trading y el trading a más largo plazo, ofreciendo a los traders una variedad de opciones en función de sus necesidades y estilo.

42. ¿Qué es el trading a largo plazo (position trading)?

El trading a largo plazo, también conocido como position trading, es una estrategia de inversión que implica la retención de posiciones durante períodos extendidos de tiempo. A diferencia del day trading y el swing trading, donde las posiciones se mantienen durante días, semanas o meses, el position trading puede extenderse a varios años. Esta estrategia se basa en la idea de aprovechar las tendencias fundamentales y técnicas a largo plazo en los mercados financieros. Las características más relevantes del trading a largo plazo son:

1. Horizonte temporal extendido: El position trading implica mantener posiciones durante períodos que pueden ir desde varios meses hasta varios años. Los traders a largo plazo buscamos aprovechar las tendencias a largo plazo y no nos preocupamos por las fluctuaciones a corto plazo.

2. Análisis fundamental: El análisis fundamental desempeña un papel crucial en el position trading. Los traders a largo plazo evaluamos factores económicos, financieros y empresariales para tomar decisiones objetivas sobre las inversiones a realizar.

3. Gestión de riesgos: La gestión de riesgos sigue siendo importante en el trading a largo plazo. Los traders establecemos niveles de stop-loss y utilizamos otras herramientas de gestión de riesgos para proteger nuestras inversiones a lo largo del tiempo.

4. Menos operaciones: En comparación con el day trading y el swing trading, el position trading implica realizar menos operaciones. Los traders a largo plazo no estamos preocupados por las pequeñas fluctuaciones diarias y nos centramos en las tendencias generales del mercado.

5. Menos dependencia de la volatilidad a corto plazo: Los traders a largo plazo podemos tolerar la volatilidad a corto plazo y no nos vemos afectados por las fluctuaciones diarias del mercado. Estamos más enfocados en las perspectivas a largo plazo en las inversiones.

6. Requiere paciencia: La paciencia es clave en el position trading. Los traders debemos esperar a que se desarrollen las tendencias a largo plazo y resistir la tentación de tomar decisiones impulsivas basadas en movimientos a corto plazo.

7. Menos dependencia del análisis técnico intradía: Aunque el análisis técnico aún puede ser utilizado, los traders a largo plazo a menudo no dependemos tanto de los gráficos intradía. Nos centramos en indicadores técnicos a más largo plazo y eventos fundamentales.

8. Implica inversiones en diversos activos: Los traders a largo plazo podemos diversificar las inversiones en diferentes clases de activos, como acciones, bonos, divisas y materias primas, para construir una cartera equilibrada.

El position trading es adecuado para aquellos inversores que buscamos una estrategia más tranquila y menos intensiva en términos de tiempo. Requiere una comprensión profunda de los fundamentos del mercado y la capacidad de esperar a que se desarrollen las tendencias a largo plazo. Mientras que otros enfoques de trading pueden requerir una atención constante, el position trading permite a los inversores tomarse su tiempo y seguir una visión más a largo plazo.

43. ¿Cuáles son las diferencias clave entre el trading de acciones y de divisas?

El trading de acciones y de divisas (Forex) son dos formas distintas de participar en los mercados financieros, y hay diferencias fundamentales entre ambas. Las diferencias más destacadas son:

1. Mercado subyacente:

- Acciones: En el trading de acciones, los inversores compramos y vendemos acciones de empresas cotizadas en bolsa. Cada acción representa una participación en la propiedad de una empresa.

- Divisas (Forex): En el mercado de divisas, los traders compramos y vendemos pares de divisas. No estamos adquiriendo activos físicos, sino que se está especulando sobre el cambio relativo de valor entre dos monedas.

2. Mercado y horarios de negociación:

- Acciones: El trading de acciones generalmente se realiza en bolsas de valores específicas, y los horarios de negociación están vinculados a las horas laborables de esas bolsas.

- Divisas (Forex): El mercado de divisas opera de manera descentralizada y está abierto las 24 horas del día durante cinco días a la semana. Esto nos permite a los traders de forex participar en operaciones en diferentes husos horarios.

3. Factores que influyen en los precios:

- Acciones: Los precios de las acciones pueden ser influenciados por factores como los informes financieros de la empresa, noticias del sector, eventos económicos y condiciones macroeconómicas.

- Divisas (Forex): Los precios de las divisas son afectados por factores económicos y geopolíticos a nivel global. Los indicadores económicos, tasas de interés, políticas gubernamentales y eventos internacionales pueden influir en los tipos de cambio.

4. Apalancamiento:

- Acciones: El apalancamiento en el trading de acciones suele ser menor que en el mercado de divisas. En muchos casos, los inversores compramos acciones con nuestro propio capital o con un margen limitado.

- Divisas (Forex): El trading de forex a menudo permite un mayor apalancamiento, lo que significa que los traders podemos controlar una posición más grande con una inversión inicial más pequeña. Sin embargo, el apalancamiento también aumenta el riesgo.

5. Comisiones y costos:

- Acciones: Los inversores en acciones podemos incurrir en comisiones por transacción y, a veces, en cargos adicionales como tasas de administración y custodia.

- Divisas (Forex): En el mercado de forex, los costos pueden estar incorporados en los spreads (diferencia entre el precio de compra y venta). Los traders de forex no solemos enfrentarnos a comisiones directas tan frecuentemente como en el trading de acciones.

6. Tamaño del mercado:

- Acciones: El mercado de acciones es grande, pero más pequeño en comparación con el mercado de divisas. La liquidez puede variar según la empresa y la bolsa en la que se cotiza.

- Divisas (Forex): El mercado de divisas es el mercado financiero más grande del mundo en términos de volumen diario de transacciones. La liquidez es generalmente alta, incluso para pares de divisas menos conocidos.

7. Estilo de trading:

- Acciones: El trading de acciones a menudo se asocia con enfoques a más largo plazo, como el swing trading o el position trading. También es común el enfoque de inversión a largo plazo, conocido como "buy and hold".

- Divisas (Forex): El mercado de divisas es conocido por ser popular entre los day traders y aquellos que buscan aprovechar movimientos a corto plazo debido a su naturaleza 24/5.

Ambos mercados ofrecen oportunidades de inversión, pero vuelvo a insistir en que las elecciones entre el trading de acciones y de divisas dependerán de las preferencias personales del inversor, el horizonte temporal y los objetivos financieros.

44. ¿Es posible hacer trading a tiempo parcial?

Sí, es completamente posible hacer trading a tiempo parcial. De hecho, muchas personas participan en el trading mientras mantienen otras responsabilidades laborales o compromisos personales. Hacer trading a tiempo parcial puede ofrecer flexibilidad y permitir que los individuos diversifiquen sus fuentes de ingresos. Sin embargo, hay algunos aspectos que siempre hay que considerar como son:

1. Horas disponibles: Al hacer trading a tiempo parcial, es importante dedicar tiempo de calidad al análisis y ejecución de operaciones. Define claramente las horas en las que puedes comprometerte al trading y asegúrate de que coincidan con momentos de alta liquidez en los mercados.

2. Planificación y disciplina: La planificación es esencial. Crea un plan de trading sólido que incluya objetivos, estrategias, gestión de riesgos y reglas claras. La disciplina para seguir tu plan también es muy importante.

3. Elección del estilo de trading: Elige un estilo de trading que se adapte a tu disponibilidad de tiempo. El day trading puede requerir una atención constante durante el día, mientras que el swing trading o el position trading pueden ser opciones más viables para aquellos con horarios más limitados.

4. Educación continua: La educación constante es fundamental. Mantente actualizado sobre los mercados financieros, estrategias de trading, indicadores y eventos económicos. La formación continua te ayuda a tomar decisiones óptimas.

5. Gestión de riesgos: La gestión de riesgos es aún más crítica al hacer trading a tiempo parcial. Establece límites claros para las pérdidas y utiliza órdenes stop-loss para proteger tus inversiones cuando no estás activamente monitoreando los mercados.

6. Utilización de tecnología: Aprovecha la tecnología para facilitar el proceso. Las plataformas de trading on-line, aplicaciones móviles y alertas automáticas pueden ayudarte a realizar operaciones y estar al tanto de las condiciones del mercado incluso cuando no estás frente a un ordenador.

7. Inicio con cautela: Si eres nuevo en el trading, comienza con cautela y considera practicar en una cuenta demo antes de operar con dinero real. Esto te permitirá adquirir experiencia y familiarizarte con la plataforma de trading.

8. Diversificación: Diversifica tus inversiones para reducir el riesgo. No pongas todos tus recursos en una sola operación. Un enfoque diversificado puede protegerte contra pérdidas significativas.

9. Equilibrio con otros compromisos: Asegúrate de equilibrar el trading con otros compromisos laborales, familiares y personales. Mantener un equilibrio adecuado es esencial para evitar el agotamiento y mantener una mentalidad clara.

Es determinante tener expectativas realistas y entender que el trading conlleva riesgos. El trading a tiempo parcial puede ser una opción viable para muchas personas, pero requiere diligencia, disciplina y educación constante para tener éxito.

Capítulo 6: Educación y formación en trading

45. ¿Cuál es la mejor manera de aprender sobre trading?

La mejor manera de aprender sobre trading puede variar según la preferencia y el estilo de aprendizaje de cada individuo. Sin embargo, a continuación te muestro una serie de aspectos que te pueden ser de gran ayuda:

1. Educación formal y cursos on-line: Considera realizar cursos on-line o programas de educación financiera que se centren en el trading. Hay plataformas educativas que ofrecen contenido estructurado y de calidad impartido por profesionales de la industria.

2. Libros especializados: Lee libros dedicados al trading. Muchos expertos comparten sus experiencias y estrategias en libros que te pueden proporcionar una valiosa perspectiva y conocimientos prácticos.

3. Práctica en entornos simulados: Utiliza las cuentas de demostración o entornos simulados ofrecidos por plataformas de trading. Esto te va a permitir practicar sin riesgo real y desarrollar habilidades prácticas.

4. Participación en comunidades de trading: Únete a comunidades de trading on-line o grupos locales. Participar en discusiones, compartir experiencias y aprender de otros traders puede ser una excelente manera de obtener perspectivas adicionales y consejos prácticos.

5. Seguir a expertos y analistas: Sigue a traders y analistas experimentados en redes sociales, blogs o plataformas especializadas. Observar cómo toman decisiones, gestionan riesgos y analizan el mercado puede ser educativo e instructivo.

6. Análisis del mercado en tiempo real: Observa y analiza el mercado en tiempo real. Puedes aprender mucho al seguir los movimientos del mercado, comprender las noticias financieras y analizar los gráficos de precios.

7. Desarrollo de una estrategia propia: A medida que adquieres conocimientos, trabaja en el desarrollo de tu propia estrategia de trading. Aprende a analizar el mercado, establecer objetivos y gestionar riesgos de acuerdo con tu estilo y tolerancia al riesgo.

8. Gestión emocional: Dedica tiempo a comprender y gestionar tus emociones. La gestión emocional es uno de los aspectos más importantes en el trading, y aprender a controlar el miedo, la codicia y la impaciencia puede marcar la diferencia en tu éxito.

Recuerda que el trading implica riesgos y no hay garantía de beneficios. Es importante empezar con modestia, practicar la gestión de riesgos y aprender continuamente a lo largo del tiempo. Combina diferentes enfoques y adapta tu aprendizaje a medida que evoluciona tu comprensión del mercado.

46. ¿Son útiles los cursos on-line de trading?

Sí, los cursos on-line de trading pueden ser muy útiles para aquellos que desean aprender sobre los mercados financieros y mejorar sus habilidades de trading. Algunas de las razones por las cuales los cursos on-line pueden ser beneficiosos para ti son:

1. Accesibilidad: Los cursos on-line ofrecen flexibilidad y accesibilidad. Puedes aprender a tu propio ritmo desde la comodidad de tu hogar, lo que es particularmente útil para aquellos que tienen los horarios ocupados y no pueden adaptarse a clases presenciales.

2. Variedad de temas: Los cursos on-line cubren una amplia variedad temática, desde conceptos básicos hasta estrategias avanzadas de trading. Puedes elegir cursos que se adapten a tu nivel de experiencia y objetivos específicos.

3. Expertos instructores: Muchos cursos on-line son impartidos por profesionales de la industria con experiencia en trading. Tener acceso a la experiencia y los conocimientos de expertos puede acelerar tu curva de aprendizaje.

4. Recursos multimedia: Los cursos on-line a menudo incluyen recursos multimedia, como videos, webinars, gráficos interactivos y ejercicios prácticos. Estos recursos ayudan a hacer el aprendizaje más interactivo y práctico.

5. Plataformas de simulación: Algunos cursos on-line proporcionan acceso a plataformas de simulación que te permiten practicar tus habilidades de trading en un entorno sin riesgos. Esto es esencial para aplicar los conceptos teóricos en la práctica.

6. Comunidad y soporte: Muchos cursos on-line incluyen funciones de comunidad donde puedes interactuar con otros estudiantes, hacer preguntas y compartir experiencias. Esto crea un entorno de aprendizaje colaborativo.

7. Actualización continua: Los mercados financieros evolucionan constantemente. Los cursos on-line a menudo se actualizan para reflejar los cambios en el entorno del mercado, lo que garantiza que estés al tanto de las últimas tendencias y estrategias.

Sin embargo, es importante ser selectivo al elegir un curso on-line. Verifica la reputación del proveedor del curso, revisa las opiniones de los estudiantes anteriores y asegúrate de que el contenido sea relevante para tus objetivos específicos en el trading. Además, recuerda que la práctica continua y la aplicación práctica de los conocimientos que aprendes, son la parte más importante para el éxito en el trading.

47. ¿Es necesario tener un título académico en finanzas para ser un buen trader?

No, no es necesario tener un título académico en finanzas para ser un buen trader. Aunque la educación formal en finanzas puede proporcionar una base teórica sólida, hay muchos traders exitosos que no tienen títulos en finanzas o campos relacionados. La habilidad en el trading a menudo se desarrolla a través de la experiencia, la práctica y la dedicación continua al aprendizaje.

No obstante a lo anterior, es conveniente que consideres los siguientes puntos:

1. Experiencia práctica: La experiencia práctica en los mercados financieros a menudo es más valiosa que la educación académica. Aprender a tomar decisiones en tiempo real, gestionar riesgos y adaptarse a las condiciones del mercado es lo más relevante, y esta experiencia no siempre se obtiene en un entorno académico.

2. Aprendizaje continuo: Los mercados financieros son dinámicos y están en constante cambio. Los traders exitosos estamos comprometidos con el aprendizaje continuo, independientemente de nuestra formación académica. Seguimos evolucionando y adaptando nuestras estrategias a medida que el mercado cambia.

3. Habilidades específicas: Las habilidades necesarias para ser un buen trader, como el análisis técnico, la gestión de riesgos y la toma de decisiones rápidas, no siempre están directamente relacionadas con un título en finanzas. Estas habilidades las puedes desarrollar a través de la práctica y el estudio independiente.

4. Diversidad de ámbitos educativos y profesionales: Muchos traders exitosos provienen de diversos ámbitos educativos y profesionales. Algunos tenemos títulos en finanzas, mientras que otros pueden tener antecedentes en matemáticas, ingeniería, informática u otras disciplinas.

5. Disciplina y psicología del trading: como he comentado en repetidas ocasiones, la disciplina y la gestión emocional son aspectos imprescindibles del trading. Estas habilidades no siempre se enseñan en programas académicos y, a menudo, se aprenden a través de la experiencia y la autoevaluación.

Aunque un título en finanzas puede ser beneficioso y proporcionar una comprensión sólida de los principios financieros, no es un requisito absoluto para tener éxito como trader. Lo más importante es la dedicación, la disciplina, la capacidad de aprender de los errores y la voluntad de adaptarse a un entorno de mercado cambiante.

48. ¿Cuál es la importancia de seguir aprendiendo en el trading?

La importancia de seguir aprendiendo en el trading es otro factor fundamental y está intrínsecamente ligada al entorno dinámico y cambiante de los mercados financieros. A continuación, te detallo algunas de las razones:

1. Evolución del mercado: Los mercados financieros están en constante evolución. Nuevos instrumentos financieros, regulaciones y eventos económicos pueden tener un impacto significativo en las condiciones del mercado. Mantenerte actualizado es esencial para tomar decisiones racionales.

2. Desarrollo de nuevas estrategias: La eficacia de las estrategias de trading puede cambiar con el tiempo. Aprender nuevas estrategias y adaptarte a las condiciones del mercado te permite diversificar y mejorar tu capacidad para aprovechar oportunidades.

3. Tecnología y herramientas: La tecnología en el trading está en constante avance. El aprendizaje continuo te permite aprovechar nuevas herramientas, plataformas de trading y análisis técnico, lo que puede mejorar tu eficiencia y precisión.

4. Gestión de riesgos: No me cansaré de repetirlo una y mil veces en este libro, puesto que la gestión de riesgos es un componente relevante en el trading. A medida que aprendes, puedes mejorar tus habilidades en la gestión de riesgos, lo que contribuye a preservar tu capital y reducir pérdidas potenciales.

5. Psicología del trading: La psicología del trading es un aspecto crítico. Aprender a manejar tus emociones como el miedo y la codicia, así como a mantener la disciplina, es un proceso continuo que puede marcar la diferencia entre el éxito y el fracaso en el trading.

6. Cambios en las condiciones económicas: Las condiciones económicas globales pueden afectar los mercados financieros. Comprender cómo los eventos económicos afectan a tus activos financieros y ajustar tus estrategias en consecuencia, es esencial.

7. Comunidad y colaboración: Participar en comunidades de trading y colaborar con otros traders puede proporcionarte nuevas perspectivas y enfoques. El intercambio de ideas y experiencias puede ser una fuente valiosa de aprendizaje.

8. Adaptación a errores y cambios: El trading implica la posibilidad de cometer errores. Aprender de estos errores es decisivo para tu crecimiento y mejora continua. La capacidad de adaptarte a cambios en el mercado y ajustar tu enfoque, es un signo de madurez como trader.

En consecuencia, seguir aprendiendo en el trading es esencial para mantenerte competitivo, adaptarte a cambios en las condiciones del mercado y mejorar constantemente tus habilidades. La búsqueda constante de conocimiento contribuye a una mejora en la toma de decisiones más precisas y objetivas y, en última instancia, pueden aumentar tus posibilidades de éxito a largo plazo.

49. ¿Cómo elegir libros sobre trading para principiantes?

Elegir libros sobre trading para principiantes puede ser clave para establecer una base sólida en este campo. Algunos consejos que pueden ayudarte a seleccionar los libros adecuados son:

1. Reputación del Autor: Investiga sobre el autor del libro. Busca aquellos que sean reconocidos en la industria del trading y que tengan experiencia práctica en los mercados financieros. Autores con antecedentes sólidos suelen ofrecer información más valiosa.

2. Reseñas y recomendaciones: Lee reseñas de otros traders sobre los libros que estás considerando. Busca opiniones on-line y en comunidades de trading. Las recomendaciones de personas con experiencia pueden ser valiosas para evaluar la utilidad de un libro.

3. Contenido actualizado: Asegúrate de que el libro esté actualizado y sea relevante para las condiciones actuales del mercado. Los mercados evolucionan, y es esencial tener información actualizada y estrategias que sigan siendo efectivas.

4. Enfoque práctico: Prefiere libros que ofrezcan un enfoque práctico. Los mejores libros para principiantes suelen combinar teoría con ejemplos y aplicaciones prácticas que ayuden a entender y aplicar conceptos. A pesar del constante cambio en el panorama, existen estrategias que resisten el paso del tiempo. En lo personal, he compartido, en diversos libros didácticos, multitud de mis estrategias prácticas, las cuales, desde el 2015 hasta hoy, continúan demostrando su efectividad indiscutible, siguiendo todas las pautas establecidas.

5. Cobertura de conceptos básicos: Busca libros que cubran los conceptos básicos del trading, incluyendo términos financieros, tipos de instrumentos financieros, análisis técnico y fundamental, así como estrategias para principiantes.

6. Claridad y comprensión: Asegúrate de que el lenguaje del libro sea claro y comprensible para tu nivel de conocimiento. Debe ser accesible para alguien que está comenzando en el mundo del trading.

7. Diversidad de enfoques: Si es posible, elige libros que aborden diferentes enfoques de trading. Esto te permitirá obtener una comprensión más completa de las diversas estrategias y estilos de trading.

8. Recursos adicionales: Algunos libros incluyen recursos adicionales, como sitios web, videos o herramientas interactivas. Estos recursos pueden enriquecer tu aprendizaje y proporcionar una comprensión más completa de los temas tratados.

Algunos libros populares para principiantes en trading incluyen "A Random Walk Down Wall Street" de Burton Malkiel, "Market Wizards" de Jack D. Schwager, y "Technical Analysis of the Financial Markets" de John J. Murphy. Estos libros ofrecen una introducción sólida a los conceptos más relevantes y, además, proporcionan perspectivas valiosas.

Además, quiero destacar que cuento con una colección de libros prácticos que cumplen con todos los requisitos mencionados anteriormente. Estas obras albergan una diversidad de estrategias que han demostrado su éxito continuo durante más de 25 años y que, sin duda, te serán de un valor incalculable. Encuentra la lista completa de mis títulos al final de este libro, bajo la sección *"Otras publicaciones del autor"*.

Recuerda que la lectura de libros debe ser complementada con la práctica activa en los mercados y la gestión continua del aprendizaje.

50. ¿Cuál es la diferencia entre un mentor y un coach de trading?

La diferencia entre un mentor y un coach de trading radica principalmente en la naturaleza de la relación y el papel que desempeñan en el desarrollo de un trader. Las distinciones principales son:

Mentor de trading:

1. Relación más informal: Un mentor es alguien que generalmente tiene más experiencia en el trading y guía a un trader menos experimentado de manera más informal. La relación con el mentor a menudo se desarrolla de manera orgánica y puede ser menos estructurada.

2. Experiencia personal compartida: Un mentor comparte su experiencia personal en los mercados financieros y ofrece orientación basada en sus propias experiencias y aprendizajes. Puede proporcionar perspectivas valiosas sobre cómo superar obstáculos y mejorar el rendimiento.

3. Conexión personal: La relación con un mentor a menudo va más allá de la formación técnica. Puede involucrar una conexión personal más profunda, ya que el mentor comparte su viaje y aconseja sobre el desarrollo profesional y la toma de decisiones.

4. Aprendizaje a largo plazo: La relación con el mentor tiende a ser a largo plazo. Un mentor puede estar disponible para el aprendizaje continuo a medida que el trader se enfrenta a nuevos desafíos y etapas en su carrera.

Coach de trading:

1. Enfoque más estructurado: Un coach de trading a menudo proporciona un enfoque más estructurado y formalizado para el desarrollo del trader. Puede establecer metas claras, planes de acción y proporcionar retroalimentación sistemática.

2. Enseñanza de habilidades específicas: Un coach se centra en enseñar habilidades específicas de trading, identificando áreas de mejora y trabajando en estrategias concretas. El enfoque está en el desarrollo de habilidades técnicas y la mejora de la ejecución.

3. Rendimiento medible: Un coach puede estar más orientado a medir el rendimiento del trader a través de métricas específicas y evaluar el progreso en relación con los objetivos establecidos.

4. Relación más profesional: La relación con un coach de trading a menudo se mantiene en un ámbito más profesional y puede ser menos personal en comparación con la relación con un mentor.

Mientras que un mentor de trading tiende a ser alguien con experiencia que comparte sus conocimientos y experiencias de manera más informal y personal, un coach de trading tiene un enfoque más estructurado y profesional, centrándose en el desarrollo de habilidades específicas y el rendimiento medible del trader. Ambos roles pueden ser valiosos en el desarrollo de un trader, y algunos individuos pueden buscar la combinación de ambos para obtener una orientación integral.

Capítulo 7: Aspectos financieros del trading

51. ¿Cuánto dinero se necesita para empezar a hacer trading?

La cantidad de dinero necesaria para empezar a hacer trading varía considerablemente y depende de diversos factores, como el estilo de trading, el apalancamiento utilizado, el mercado en el que deseas operar y tu tolerancia al riesgo. Algunas consideraciones que puedo destacar son:

1. Estilo de trading: El estilo de trading que elijas influirá en la cantidad de capital necesaria. Por ejemplo, el day trading puede requerir más capital debido a la necesidad de cumplir con los requisitos de margen y gestionar posiciones en un plazo muy corto.

2. Apalancamiento: El uso del apalancamiento puede permitirte controlar una posición más grande con una cantidad de capital menor. Sin embargo, el apalancamiento también aumenta el riesgo. La cantidad mínima requerida para abrir una posición puede variar según el apalancamiento ofrecido por el bróker.

3. Mercado y activos: El capital necesario puede variar según el mercado en el que desees operar. Algunos mercados, como el Forex, pueden requerir menos capital inicial en comparación con otros, como el mercado de futuros. Además, ciertos activos pueden tener requisitos de margen diferentes.

4. Tolerancia al riesgo: Tu tolerancia al riesgo personal también juega un papel importante. Es importante no arriesgar más de lo que estás dispuesto a perder. La cantidad de capital que decides invertir debe ser una cantidad que puedas permitirte perder sin afectar tu situación financiera de manera significativa.

5. Costos asociados: Ten en cuenta los costos asociados con el trading, como comisiones, spreads, y tarifas de mantenimiento de cuentas. Estos costos pueden afectar la rentabilidad de tus operaciones.

En general, algunos traders comienzan con montos relativamente pequeños para aprender y practicar, mientras que otros pueden optar por invertir más capital desde el principio. No hay una cantidad fija que sea adecuada para todos, y es importante adaptar tu enfoque según tus circunstancias y objetivos.

Antes de comenzar a operar con dinero real, es aconsejable practicar en una cuenta de demostración para familiarizarte con la plataforma de trading, desarrollar tus habilidades y probar estrategias sin riesgo financiero. Además, siempre es recomendable consultar con un asesor financiero antes de embarcarte en actividades de trading para asegurarte de que estás tomando las decisiones financieras más óptimas.

52. ¿Cuáles son los costos asociados al trading (comisiones, spreads, etc.)?

Los costos asociados al trading van a variar dependiendo del mercado, el bróker y la clase de activo que estés operando. Algunos de los costos más comunes a considerar son:

1. Comisiones: Muchos bróker cobran comisiones por ejecutar órdenes de compra o venta. Estas comisiones pueden ser una tarifa fija por operación o un porcentaje del volumen de la operación. Asegúrate de conocer la estructura de las comisiones de tu bróker.

2. Spreads: En el mercado Forex y otros mercados, el spread es la diferencia entre el precio de compra (ask) y el precio de venta (bid). Este es el costo implícito en cada operación y representa la ganancia del bróker. Al operar, debes superar el spread para comenzar a obtener beneficios. Cuidado con aquellos brókeres que anuncian que no cobran comisiones, pero realmente el spread de sus productos es más amplio que el de sus competidores.

3. Tarifas de financiamiento (Swaps): En el mercado Forex y en algunos brókeres de CFDs, puedes incurrir en tarifas de financiamiento (también llamadas swaps) si mantienes posiciones abiertas durante la noche. Estas tarifas pueden ser positivas o negativas según la dirección de tu posición.

4. Requisitos de margen: Al operar con margen, tu bróker puede requerir un depósito (margen) como garantía para mantener una posición abierta. Esto afecta directamente la cantidad de capital que necesitas para operar.

5. Tarifas de inactividad: Algunos brókeres pueden cobrar tarifas si no realizas operaciones durante un período de tiempo específico. Estas tarifas suelen aplicarse para cuentas inactivas.

6. Costos de datos de mercado: Para acceder a datos de mercado en tiempo real, algunos brókeres pueden cobrar tarifas adicionales. La disponibilidad y el costo de estos datos pueden variar según el bróker y el mercado.

7. Costos de retiro: Al retirar fondos de tu cuenta de trading, algunos brókeres pueden cobrar tarifas de retiro. Asegúrate de conocer estas tarifas antes de realizar retiros.

8. Costos de conversión de divisas: Si operas en mercados internacionales con monedas diferentes a la de tu cuenta, podrías incurrir en costos de conversión de divisas al depositar o retirar fondos.

Es fundamental entender todos los costos asociados antes de comenzar a operar. La elección del bróker y la comprensión completa de sus tarifas y políticas son primordiales para gestionar eficientemente los costos y maximizar tus beneficios netos. Además, ten en cuenta que la transparencia y la honestidad en la presentación de tarifas son características importantes a considerar al elegir un bróker.

53. ¿Es posible vivir del trading a tiempo completo?

Sí, es posible vivir del trading a tiempo completo, y hay personas que hemos logrado hacerlo con éxito. Sin embargo, es importante tener en cuenta que vivir del trading conlleva riesgos significativos y no es adecuado para todos. A continuación te resumo algunos puntos relevantes a considerar:

1. Riesgos y volatilidad: Los mercados financieros son inherentemente volátiles, y el trading siempre implica riesgos. Los traders exitosos hemos aprendido a gestionar el riesgo de manera efectiva y a adaptarnos a las cambiantes condiciones del mercado.

2. Educación y experiencia: La educación y la experiencia son elementos importantes. Los traders que vivimos del trading solemos tener un profundo conocimiento de los mercados financieros, estrategias de trading sólidas y una comprensión clara de la gestión de riesgos.

3. Disciplina y psicología del trading: La disciplina y la psicología del trading son aspectos cruciales. Los traders a tiempo completo debemos ser capaces de mantener la disciplina, controlar las emociones y tomar decisiones racionales incluso en momentos de presión.

4. Capital suficiente: Necesitarás suficiente capital para cubrir tus gastos diarios y enfrentar las fluctuaciones en tu cuenta de trading. Operar con demasiado apalancamiento o con un capital insuficiente puede ser arriesgado.

5. Establecer objetivos realistas: Es fundamental establecer objetivos realistas y tener expectativas apropiadas. Vivir del trading no nos garantiza ingresos constantes y puede haber períodos de pérdidas.

6. Diversificación de ingresos: Algunos traders a tiempo completo diversifican sus fuentes de ingresos. Esto puede incluir el trading de diferentes activos, ofrecer servicios de educación o gestionar fondos de otros inversores.

7. Entorno económico: El entorno económico y las condiciones del mercado pueden cambiar, afectando la rentabilidad del trading. Los traders a tiempo completo debemos ser capaces de adaptarnos y ajustar nuestras estrategias según sea necesario.

8. Plan de jubilación: Al vivir del trading, debes tener un plan de jubilación adecuado. No tener un ingreso constante puede afectar tu capacidad para cubrir estas necesidades a largo plazo.

Es importante destacar que el trading a tiempo completo no es un camino fácil y no garantiza el éxito financiero. Antes de tomar la decisión de vivir del trading, es recomendable obtener una educación sólida, practicar con una cuenta demo, y considerar la posibilidad de trabajar con asesores financieros para evaluar la viabilidad y gestionar los riesgos de manera adecuada.

54. ¿Cómo se pagan los impuestos sobre las ganancias en el trading?

El tratamiento fiscal de las ganancias en el trading puede variar según el país y la jurisdicción fiscal específica. A continuación, te proporcionaré una visión general, pero es fundamental consultar a un profesional fiscal en tu país para obtener asesoramiento específico.

1. Impuestos sobre las ganancias de capital: En muchos lugares, las ganancias de capital generadas a través del trading pueden estar sujetas a impuestos sobre las ganancias de capital. Estos impuestos se aplican a las ganancias obtenidas al vender activos (como acciones, criptomonedas u otros instrumentos) después de mantenerlos durante un período específico. Las ganancias a corto plazo generalmente se gravan a tasas más altas que las ganancias a largo plazo. En España, en el año 2024, se grava igualmente tanto las ganancias a corto plazo como a largo plazo, pero seguramente en otros países pueda gravarse de forma diferente.

2. Ingresos gravables: En algunos casos, las ganancias en el trading pueden considerarse ingresos gravables, especialmente si el trading es tu ocupación principal y genera un flujo de ingresos constante. En este caso, según el país, es posible que estés sujeto a impuestos sobre ingresos ordinarios.

3. Tasas impositivas variables: Las tasas impositivas pueden variar según tu nivel de ingresos y la duración de tiempo que mantuviste los activos antes de venderlos. Asegúrate de comprender las tasas impositivas aplicables a tu situación específica.

4. Pérdidas y compensación fiscal: Las pérdidas en el trading pueden compensar las ganancias y reducir tu obligación fiscal. Es importante llevar un registro detallado de todas tus operaciones y consultar a un profesional fiscal para optimizar la compensación de pérdidas.

5. Declaraciones fiscales: Deberás presentar declaraciones fiscales precisas y completas que reflejen todas tus ganancias y pérdidas en el trading. Utilizar software de impuestos o trabajar con un profesional fiscal puede facilitar este proceso.

6. Regulaciones locales: Las regulaciones fiscales específicas pueden variar según la jurisdicción. Algunos países tienen reglas específicas para el trading, mientras que otros aplican las leyes fiscales generales. Asegúrate de entender las regulaciones fiscales locales.

7. Planificación fiscal: La planificación fiscal es fundamental. Trabajar con un profesional fiscal te permite tomar decisiones racionales que minimicen tu carga fiscal de manera legal y ética.

Es fundamental destacar que las leyes fiscales cambian y pueden ser complejas. La información proporcionada aquí es general y no constituye asesoramiento fiscal específico. Te recomiendo encarecidamente que consultes con un profesional fiscal que tenga experiencia en cuestiones relacionadas con el trading y las inversiones en tu jurisdicción específica.

55. ¿Cuál es la importancia de tener un fondo de emergencia como trader?

Tener un fondo de emergencia es de suma importancia para cualquier persona, incluidos los traders. Algunas razones destacadas por las cuales tener un fondo de emergencia es esencial son:

1. Protección contra pérdidas en el trading: El trading conlleva riesgos y la posibilidad de pérdidas. Un fondo de emergencia actúa como una red de seguridad financiera en caso de que enfrentes pérdidas en tus operaciones. Te proporciona un colchón financiero para cubrir gastos esenciales mientras trabajas para recuperarte.

2. Estabilidad financiera: Un fondo de emergencia contribuye a tu estabilidad financiera. Al tener reservas disponibles, puedes mantener tu estilo de vida y cumplir con tus obligaciones financieras incluso durante períodos de volatilidad en el mercado o momentos difíciles en tu carrera como trader.

3. Reducción del estrés financiero: Saber que cuentas con un fondo de emergencia puede reducir el estrés financiero. La incertidumbre es común

104

en el trading, y tener la seguridad de que tienes recursos disponibles para situaciones imprevistas puede proporcionar tranquilidad.

4. Flexibilidad en decisiones de trading: Contar con un fondo de emergencia te brinda flexibilidad en tus decisiones de trading. No estarás forzado a tomar decisiones impulsivas debido a necesidades financieras inmediatas. Te permite tomar decisiones más objetivas y planificadas.

5. Cobertura de gastos cotidianos: Un fondo de emergencia debe ser suficiente para cubrir tus gastos cotidianos esenciales, como alimentación, vivienda y servicios públicos. Esto te permite mantener tu calidad de vida incluso si tus ingresos de trading disminuyen temporalmente.

6. Resiliencia financiera: La resiliencia financiera se refiere a la capacidad de superar dificultades económicas. Un fondo de emergencia es una herramienta clave para construir esta resiliencia, permitiéndote hacer frente a desafíos y recuperarte más rápidamente de situaciones adversas.

7. Preparación para oportunidades: Además de protegerte contra emergencias, un fondo de emergencia también te prepara para aprovechar oportunidades. Puede darte la seguridad financiera necesaria para tomar decisiones arriesgadas pero bien fundamentadas que podrían generar beneficios a largo plazo.

En general, un fondo de emergencia te proporciona una base financiera sólida y es una práctica financiera prudente para cualquier persona, independientemente de su profesión. Como trader, donde la estabilidad de los ingresos puede ser variable, contar con un fondo de emergencia es especialmente necesario para proteger tu bienestar financiero a lo largo del tiempo.

56. ¿Qué es el margen en el trading y cómo se utiliza?

El margen en el trading se refiere al capital adicional que los traders debemos proporcionar para abrir y mantener una posición. Es un concepto necesario en el trading con apalancamiento y se utiliza para amplificar el tamaño de una operación sin la necesidad de comprometer la cantidad total del valor de mercado de la posición. El margen nos permite a los traders controlar posiciones más grandes con una fracción del capital.

Los aspectos que tenemos que considerar sobre el margen en el trading son:

1. Definición de margen: El margen se representa como un porcentaje del valor total de la posición y es la cantidad mínima que los traders debemos tener en la cuenta para mantener una posición abierta. Se calcula como un porcentaje del valor total de la posición y varía según el apalancamiento utilizado y las regulaciones del bróker.

2. Apalancamiento: El apalancamiento es la relación entre el valor total de la posición y el margen requerido. Por ejemplo, si un bróker nos ofrece un apalancamiento de 10:1, significa que el trader solo necesita proporcionar el 10% del valor total de la posición como margen.

3. Cómo se calcula el margen: El cálculo del margen se realiza multiplicando el tamaño de la posición por el porcentaje de margen requerido. La fórmula es: Margen = Tamaño de la Posición / Apalancamiento.

4. Margen inicial y margen de mantenimiento: El margen inicial es la cantidad requerida para abrir una posición, mientras que el margen de mantenimiento es la cantidad mínima necesaria para mantener la posición abierta. Si la posición se mueve en contra del trader y el margen de mantenimiento no se mantiene, el bróker puede realizar un margin call, que obliga al trader a depositar más fondos o cerrar la posición.

5. Gestión de riesgos: La gestión de riesgos es absolutamente necesaria al operar con margen. Sabiendo que el apalancamiento amplifica tanto las ganancias como las pérdidas, debemos tener presentes que, un uso inadecuado del margen puede llevarnos a pérdidas significativas, por lo que es esencial establecer límites de pérdida y utilizar el apalancamiento de manera responsable.

6. Productos que utilizan margen: El margen se utiliza comúnmente en diversos productos financieros, como divisas (Forex), contratos por diferencia (CFDs), futuros y opciones. Cada mercado puede tener requisitos de margen diferentes.

7. Riesgos asociados: Aunque el margen permite amplificar las oportunidades, también introduce riesgos adicionales. Los traders debemos comprender completamente los riesgos asociados con el uso del margen y solo utilizarlo de manera consciente y planificada.

Es importante destacar que, aunque el margen puede aumentar la capacidad de un trader para controlar posiciones más grandes, también aumenta la exposición al riesgo. Los traders debemos educarnos sobre el uso responsable del margen y considerar cuidadosamente la gestión de riesgos en nuestras estrategias de trading.

57. ¿Cuáles son las alternativas al trading con dinero real para principiantes?

Para principiantes que desean adquirir experiencia y habilidades en el mundo del trading antes de comprometerse con dinero real, existen varias alternativas. Estas opciones permiten practicar y aprender sin asumir riesgos financieros significativos. Las alternativas al trading con dinero real para principiantes se pueden resumir en:

1. Cuentas de demostración: Muchos brókeres ofrecen cuentas de demostración que nos permiten a los traders practicar con dinero virtual en un entorno de mercado en tiempo real. Esto es una excelente manera de familiarizarse con la plataforma de trading y probar estrategias sin riesgo financiero.

2. Juegos de bolsa: Algunos juegos on-line simulan el trading en el mercado de valores. Estos juegos permiten a los principiantes practicar el proceso de toma de decisiones, la ejecución de operaciones y la gestión de carteras en un entorno virtual.

3. Competiciones de trading virtual: Participar en competiciones de trading virtual puede ser una forma divertida y educativa de poner a prueba tus habilidades sin arriesgar dinero real. Algunas plataformas ofrecen torneos con premios para motivar la participación.

4. Análisis y estudio del mercado: Antes de operar con dinero real, dedicar tiempo al estudio y análisis del mercado es esencial. Leer libros, artículos, y seguir las noticias financieras nos proporciona una comprensión más profunda de los mercados y las estrategias de trading.

5. Foros y comunidades de trading: Unirse a foros y comunidades de trading on-line es otra alternativa. Puedes aprender de la experiencia de otros traders, hacer preguntas y obtener consejos valiosos sin tener que arriesgar tu propio capital.

6. Seminarios web y cursos on-line: Participar en seminarios web y cursos on-line sobre trading te brinda acceso a la educación de expertos. Muchas plataformas ofrecen recursos educativos gratuitos o de pago que pueden ayudarte a mejorar tus habilidades de trading.

Recuerda que, aunque estas alternativas ofrecen oportunidades para aprender y practicar, la transición al trading con dinero real implica una dinámica diferente debido a la presión emocional y los riesgos financieros. Es primordial, eventualmente, operar con una pequeña cantidad de dinero real de manera prudente y responsable después de haber adquirido cierta experiencia y confianza.

Capítulo 8: Rendimiento y evaluación del trading

58. ¿Cómo se evalúa el rendimiento de un trader?

Evaluar el rendimiento de un trader es fundamental para entender su éxito y áreas de mejora. Los factores que se deben considerar al evaluar el rendimiento de un trader son:

1. Ganancias y pérdidas: Analiza las ganancias y pérdidas totales en un periodo específico. Calcula el rendimiento neto restando las pérdidas de las ganancias.

2. Ratio de ganancia-pérdida: Examina el ratio de ganancia-pérdida, que compara el tamaño de las operaciones ganadoras con las perdedoras. Un ratio saludable indica una buena gestión de riesgos.

3. Tasa de éxito: Mide la tasa de éxito, que es el porcentaje de operaciones exitosas en relación con el total. Una alta tasa de éxito no garantiza un rendimiento positivo si las pérdidas en operaciones perdedoras son significativas.

4. Drawdown: Evalúa el drawdown, que es la reducción máxima en el capital de la cuenta desde un pico anterior. Un bajo drawdown sugiere una gestión de riesgos efectiva.

5. Índice Sharpe: Calcula el índice de Sharpe, que compara el rendimiento ajustado al riesgo. Un índice de Sharpe más alto indica un rendimiento más sólido en relación con la volatilidad.

6. Duración de las operaciones: Observa la duración promedio de las operaciones. Algunos traders prefieren operaciones a corto plazo, mientras que otros se centran en estrategias a más largo plazo.

7. Consistencia: Evalúa la consistencia del rendimiento a lo largo del tiempo. Un trader consistente demuestra su habilidad para adaptarse a diferentes condiciones del mercado.

8. Análisis psicológico: Considera factores psicológicos. Evalúa cómo el trader maneja el estrés, las emociones y la presión del mercado.

9. Aprendizaje y mejora continua: Observa la capacidad del trader para aprender de errores y experiencias pasadas. La adaptabilidad y la mejora continua son signos positivos.

10. Cumplimiento de reglas y estrategias: Asegúrate de que el trader sigue sus reglas y estrategias establecidas. La disciplina es un requisito fundamental para el éxito a largo plazo.

11. Entorno del mercado: Considera el contexto del mercado. Un rendimiento positivo en un mercado alcista puede requerir habilidades diferentes a las necesarias en un mercado bajista.

Al evaluar el rendimiento de un trader, es esencial considerar estos factores en conjunto para obtener una imagen completa de su habilidad y consistencia en el trading.

59. ¿Qué es una relación riesgo-beneficio y por qué es importante?

La relación riesgo-beneficio es un concepto en el trading que se refiere a la proporción entre la cantidad de riesgo asumido en una operación y el posible beneficio que se espera obtener. Esta relación se expresa generalmente como un ratio, como 1:2, 1:3, etc., indicando cuántas veces el beneficio esperado es mayor que el riesgo asumido.

Ejemplo: Una relación riesgo-beneficio de 1:2 significa que estás dispuesto a arriesgar $1 para ganar $2.

La importancia del establecimiento de la relación riesgo-beneficio es la siguiente:

1. Gestión de riesgos: Ayuda a controlar y limitar las pérdidas. Establecer una relación riesgo-beneficio te permite determinar cuánto estás dispuesto a perder en una operación antes de ingresar, ayudando así a mantener una gestión de riesgos disciplinada.

2. Maximización de ganancias: Permite maximizar las ganancias potenciales. Al buscar oportunidades con una relación riesgo-beneficio favorable, puedes asegurarte de que las ganancias potenciales superen consistentemente las pérdidas potenciales.

3. Objetivos claros: Facilita la fijación de objetivos claros. Establecer una relación riesgo-beneficio antes de entrar en una operación te ayuda a definir tus metas y a tomar decisiones más racionales durante la ejecución.

4. Consistencia en el tiempo: Contribuye a la consistencia a largo plazo. Al buscar oportunidades con una relación riesgo-beneficio favorable, estás aplicando un enfoque coherente que puede ayudar a equilibrar las pérdidas y ganancias a lo largo del tiempo.

5. Adaptabilidad: Permite adaptarse a diferentes condiciones del mercado. Al ajustar la relación riesgo-beneficio según la volatilidad y las condiciones actuales del mercado, puedes ser más flexible y adaptarte a situaciones cambiantes.

6. Psicología del trader: Contribuye a una mejor salud mental en el trading. Tener una relación riesgo-beneficio bien definida puede ayudar a reducir el estrés y las emociones asociadas con las operaciones, ya que el trader sabe exactamente qué esperar.

En definitiva, la relación riesgo-beneficio es una herramienta esencial para la gestión efectiva del riesgo y la toma de decisiones objetivas en el trading. Al establecer objetivos claros y gestionar las pérdidas de manera disciplinada, los traders podemos aumentar nuestras posibilidades de éxito a largo plazo.

60. ¿Cuándo es el mejor momento para evaluar y ajustar una estrategia de trading?

Evaluar y ajustar una estrategia de trading es una parte esencial del proceso para cualquier trader. No hay un momento específico único para hacerlo, pero hay varios puntos interesantes que pueden indicarte que es el momento adecuado para revisar y ajustar tu enfoque, como son:

1. Después de una serie de operaciones: Después de un número significativo de operaciones, evalúa los resultados. Si observas patrones consistentes de pérdidas o ganancias, es un buen momento para analizar más a fondo y considerar ajustes.

2. Cambio en las condiciones del mercado: Cuando las condiciones del mercado cambian, tu estrategia puede volverse menos efectiva. Si notas que tu rendimiento ha disminuido debido a un cambio en la volatilidad, tendencias o condiciones económicas, es posible que necesites ajustar tu enfoque.

3. Pérdida significativa: Después de una pérdida significativa, es importante reflexionar sobre lo que salió mal y si hay áreas en las que tu estrategia podría mejorarse. Ajustar la gestión de riesgos o las reglas de entrada y salida puede ser necesario.

4. Ganancias sostenidas: Si has experimentado un periodo sostenido de ganancias, evalúa si esos resultados son sostenibles a largo plazo. A veces, el éxito a corto plazo puede deberse a condiciones específicas del mercado y no reflejar la eficacia real de la estrategia.

5. Cambio en tu situación personal: Cambios en tu situación personal, como disponibilidad de tiempo, capital de trading o tolerancia al riesgo, pueden requerir ajustes en tu estrategia para adaptarse a tus nuevas circunstancias.

6. Desarrollo de nuevos conocimientos: Si has adquirido nuevos conocimientos sobre análisis técnico, indicadores o herramientas, es posible que desees incorporar estos elementos en tu estrategia para mejorar su efectividad.

7. Periodos de inactividad: Durante periodos de inactividad en el mercado o cuando te tomas un descanso planificado, es un buen momento para reflexionar sobre tu desempeño reciente y considerar ajustes.

8. Feedback externo: Si recibes feedback constructivo de otros traders, mentores o incluso a través de análisis de rendimiento externo, utiliza esa información para evaluar y ajustar tu estrategia.

Es esencial recordar que los ajustes no siempre significan cambiar toda la estrategia. A veces, pequeñas modificaciones en la gestión de riesgos, reglas de entrada o salida, o enfoques de análisis pueden marcar la diferencia. Lo principal es ser reflexivo y estar dispuesto a adaptarte según evolucionen las condiciones del mercado y tus propias necesidades y objetivos como trader.

61. ¿Cómo se determina si una operación fue exitosa o no?

Determinar si una operación fue exitosa o no se basa en la comparación entre el resultado de la operación y los objetivos o expectativas establecidos previamente. Los criterios más utilizados para que puedas evaluar el éxito de una operación son:

1. Ganancia o pérdida financiera: La forma más directa de evaluar el éxito de una operación es observar si te generó una ganancia o una pérdida financiera. Si la operación resultó en una ganancia, se considera exitosa; si resultó en una pérdida, se considera no exitosa.

2. Criterios de rentabilidad: Define los criterios específicos de rentabilidad antes de realizar una operación. Estos pueden incluir porcentajes de ganancia esperados, ratios de riesgo-beneficio, o cualquier otro parámetro que hayas establecido. Si la operación cumple o supera estos criterios, se considera exitosa.

3. Objetivos y planificación: Antes de abrir una operación, establece objetivos claros y un plan de trading. Evalúa si la operación se alinea con estos objetivos y si ejecutaste el plan según lo planeado.

4. Análisis técnico y fundamental: Si utilizas análisis técnico o fundamental, evalúa si los indicadores o eventos que te llevaron a la operación fueron precisos. Si la base para la operación fue sólida y se materializó, se considera exitosa.

5. Tiempo de retención: Considera el tiempo de retención de la operación en comparación con tu estrategia. Si la operación se cerró en el momento previsto según tu estrategia, puedes considerarla exitosa, incluso si la ganancia es modesta.

6. Alineación con la estrategia global: Evalúa si la operación se alinea con tu estrategia global y estilo de trading. Una operación puede considerarse exitosa si cumple con los principios fundamentales de tu enfoque, incluso si no generó una gran ganancia.

7. Gestión de riesgos: Evalúa cómo manejaste el riesgo. Si aplicaste principios sólidos de gestión de riesgos y limitaste las pérdidas en operaciones perdedoras, puedes considerar la operación exitosa en términos de proteger tu capital.

8. Factores externos: Considera factores externos que podrían haber afectado tu operación, como noticias inesperadas o eventos del mercado. Si la operación se desempeñó bien a pesar de estos factores, podrías considerarla exitosa.

Es necesario tener en cuenta que el éxito de una operación no siempre se mide únicamente por la ganancia financiera. La consistencia con tu estrategia, la gestión de riesgos efectiva y la adhesión a un plan de trading son elementos significativos al evaluar el éxito en el mundo del trading.

62. ¿Cuál es la importancia del diario de trading?

El diario de trading es una herramienta esencial para cualquier trader y desempeña un papel fundamental en el desarrollo y mejora continua de sus habilidades. A continuación te destaco algunas de las razones más importantes para mantener un diario de trading:

1. Registro de decisiones: Permite registrar las decisiones tomadas antes, durante y después de cada operación. Esto incluye tus análisis, razones para entrar o salir de una operación, y cualquier otro detalle relevante.

2. Autoevaluación: Facilita la autoevaluación al proporcionar un registro detallado de tus operaciones pasadas. Puedes revisar y analizar tus acciones para identificar patrones, errores recurrentes o áreas de mejora.

3. Aprendizaje continuo: Contribuye al aprendizaje continuo al analizar lo que funcionó bien y lo que no. Aprender de las experiencias pasadas es esencial para la mejora constante como trader.

4. Identificación de patrones: Permite identificar patrones en tu comportamiento de trading. Puedes detectar tendencias emocionales, sesgos cognitivos o decisiones impulsivas que puedan afectar tus resultados.

5. Gestión de riesgos: Facilita la gestión de riesgos al ayudarte a evaluar cómo estás manejando el tamaño de tus posiciones, las pérdidas y otros aspectos relacionados con la gestión de riesgos.

6. Revisión de estrategias: Facilita la revisión de estrategias. Puedes evaluar la efectividad de tus estrategias a lo largo del tiempo y realizar ajustes basados en resultados concretos.

7. Mantenimiento de la disciplina: Contribuye al mantenimiento de la disciplina al recordarte seguir tu plan de trading. Puedes revisar si estás adhiriéndote a tus reglas y objetivos establecidos.

8. Toma de decisiones fundamentadas: Ayuda en la toma de decisiones fundamentadas al proporcionar un registro objetivo de tus operaciones. En lugar de depender solo de la memoria, puedes confiar en datos concretos.

9. Seguimiento del rendimiento: Facilita el seguimiento del rendimiento a lo largo del tiempo. Puedes revisar la evolución de tus habilidades y resultados, lo que es vital para medir tu progreso como trader.

10. Identificación de éxito y fracaso: Permite identificar tanto los éxitos como los fracasos. Al analizar operaciones exitosas, puedes entender qué elementos contribuyeron a ese éxito y replicarlos en el futuro.

11. Establecimiento de metas: Ayuda en el establecimiento y seguimiento de metas. Puedes definir metas específicas y medir tu desempeño en relación con esas metas a lo largo del tiempo.

Por todo lo anterior, el diario de trading es una herramienta invaluable para el desarrollo profesional de cualquier trader. Te proporciona una visión objetiva de tu desempeño, facilita la mejora continua y contribuye a una toma de decisiones más objetivas y disciplinadas en el mundo del trading.

63. ¿Cuánto tiempo se necesita para volverse consistentemente rentable en el trading?

El tiempo que se necesita para volverse consistentemente rentable en el trading puede variar significativamente de una persona a otra. No hay un marco de tiempo específico que se aplique universalmente, ya que la trayectoria hacia la consistencia en el trading está influenciada por varios factores, incluyendo:

1. Experiencia previa: Aquellos traders que cuentan con experiencia previa en finanzas, economía o áreas relacionadas pueden tener una curva de aprendizaje más corta. Sin embargo, la experiencia en otros campos no siempre se traduce directamente en éxito en el trading.

2. Educación y formación: La calidad de la educación y formación recibida es condicionante. Los traders que invertimos tiempo en comprender los principios fundamentales del mercado, las estrategias de trading y la gestión de riesgos solemos tener una ventaja.

3. Dedicación y tiempo invertido: La cantidad de tiempo y esfuerzo que una persona está dispuesta a invertir en aprender y practicar es fundamental. La dedicación y la consistencia en el estudio y la práctica pueden acelerar el proceso.

4. Capacidad para adaptarse: La capacidad para adaptarse a las cambiantes condiciones del mercado es esencial. Los traders exitosos somos capaces de ajustar las estrategias según sea necesario.

5. Gestión emocional: La gestión emocional es un componente crítico. Los traders que podemos controlar el estrés, la presión y las emociones negativas tendemos a tener un mejor desempeño a largo plazo.

6. Capital inicial y tolerancia al riesgo: La cantidad de capital inicial disponible y la tolerancia al riesgo del trader también son factores determinantes. La capacidad para asimilar las pérdidas iniciales y continuar operando es también fundamental.

7. Entorno del mercado: Las condiciones del mercado pueden influir en la rapidez con la que se logra la consistencia. Las condiciones cambiantes pueden requerir que tengamos que ajustar las estrategias.

8. Aprendizaje de errores: La capacidad para aprender de los errores y adaptarse es necesario. Los traders exitosos solemos ver las pérdidas como oportunidades de aprendizaje y ajustamos nuestro enfoque en consecuencia.

Es importante destacar que el trading conlleva riesgos y no hay garantía de éxito. Muchos traders experimentamos pérdidas en nuestros primeros intentos y pueden llevarnos bastante tiempo antes de encontrar un enfoque que nos funcione. La consistencia en el trading es un objetivo a largo plazo que requiere paciencia, disciplina y un enfoque metódico. En algunos casos, puede llevar varios meses o incluso años antes de que un trader alcance niveles consistentes de rentabilidad.

64. ¿Qué hacer después de una racha de operaciones exitosas?

Después de experimentar una racha de operaciones exitosas, es vital adoptar un enfoque reflexivo y estratégico para asegurarte de mantener y evolucionar sobre ese éxito a largo plazo. A continuación te detallaré algunas acciones y consideraciones que podrán funcionarte muy bien:

1. Revisión detallada: Analiza en detalle cada operación exitosa. Examina las razones detrás de tu éxito, identifica patrones y factores comunes que contribuyeron a los resultados positivos.

2. Evalúa la estrategia: Evalúa la efectividad de tu estrategia. ¿Fue la estrategia la que llevó al éxito, o hubo elementos específicos en las condiciones del mercado que favorecieron tu enfoque? Asegúrate de comprender lo que funcionó bien.

3. Gestión de riesgos: Revisa tu gestión de riesgos. Asegúrate de que tus operaciones exitosas no se debieron a una exposición excesiva o una falta de disciplina en la gestión de riesgos. Mantener una gestión de riesgos sólida es necesaria incluso durante rachas positivas.

4. Mantén la disciplina: No dejes que el éxito inicial te haga perder la disciplina. Es fácil volverse complaciente o asumir un nivel de riesgo más alto después de una serie de operaciones exitosas. Mantén la disciplina y sigue adhiriéndote a tu plan de trading.

5. Ajusta objetivos: Revisa y ajusta tus objetivos. Después de una racha positiva, podrías considerar elevar tus metas o establecer nuevos objetivos realistas para mantenerte enfocado y motivado.

6. Diversifica estrategias: Considera diversificar tus estrategias. Dependiendo de las condiciones del mercado, podrías explorar otras estrategias que complementen tu enfoque actual y te brinden oportunidades en diferentes entornos de mercado.

7. Mantén la perspectiva a largo plazo: Mantén y focalízate una perspectiva a largo plazo. Una serie de operaciones exitosas puede generar confianza, pero también es importante recordar que el trading tiene sus altibajos. No te desanimes si experimentas pérdidas después de un período positivo; enfócate en la consistencia a largo plazo.

8. Actualiza tu diario de trading: Actualiza tu diario de trading con las lecciones aprendidas de la racha exitosa. Registra cualquier ajuste en tu enfoque, cambios en la estrategia o aspectos emocionales que hayas identificado durante este período.

9. Ajusta tamaño de posición: Revisa el tamaño de tus posiciones. Después de un éxito significativo, es posible que desees reconsiderar el tamaño de tus posiciones para asegurarte de que siga siendo proporcional al riesgo que estás dispuesto a asumir.

10. Mantén un enfoque humilde: Reconoce que el éxito en el trading puede ser volátil y que siempre hay más por aprender. La humildad te ayudará a evitar la complacencia y a estar abierto a la mejora continua.

En general, después de una racha de operaciones exitosas, es esencial tomar medidas reflexivas para mantener y mejorar tu desempeño. El análisis cuidadoso, la disciplina continua y la adaptabilidad son elementos fundamentales para mantener el éxito a largo plazo en el trading.

Capítulo 9: Desafíos y riesgos del trading

65. ¿Cuáles son los mayores desafíos para los traders principiantes?

Los traders principiantes se enfrentan a varios desafíos al comenzar en el mundo del trading. A lo largo de los años, me he dado cuenta que los mayores desafíos a los que se suelen enfrentar son:

1. Falta de experiencia: La falta de experiencia es uno de los desafíos más significativos. Los traders principiantes aún no han tenido la oportunidad de acumular experiencia en condiciones reales del mercado, lo que puede llevar a decisiones menos racionales.

2. Gestión emocional: Controlar las emociones es un desafío fundamental. La presión, el miedo y la codicia suelen influir en las decisiones de trading. Los principiantes a menudo enfrentan dificultades para manejar estas emociones, lo que les lleva a tomar muchas decisiones impulsivas.

3. Falta de formación: La falta de conocimiento y formación sobre los mercados financieros y las estrategias de trading puede ser un obstáculo. La comprensión insuficiente de los fundamentos puede llevar a decisiones equivocadas.

4. Expectativas irrealistas: Algunos principiantes entran en el trading con expectativas poco realistas sobre las ganancias y el tiempo necesario para alcanzar el éxito. Esto puede llevar a la frustración y a correr riesgos innecesarios.

5. Falta de un plan de trading: No tener un plan de trading sólido es otro desafío. La mayoría de los principiantes operan de manera impulsiva, sin un enfoque estructurado, lo que generalmente se convierte en pérdidas significativas.

6. Gestión de riesgos inadecuada: La gestión de riesgos inadecuada es un desafío común. Algunos principiantes suelen arriesgar una cantidad desproporcionada de su capital en una sola operación, lo que aumenta la posibilidad de pérdidas sustanciales e inminentes.

7. Falta de disciplina: Mantener la disciplina en el seguimiento de un plan de trading es difícil para muchos principiantes. Pueden sentirse tentados a desviarse de su estrategia original en respuesta a las fluctuaciones del mercado o las emociones.

8. Sobreexposición al mercado: Algunos principiantes pueden caer en la trampa de sobreoperar o estar sobreexpuestos al mercado. La falta de paciencia puede llevar a realizar demasiadas operaciones, lo que aumenta el riesgo y reduce la efectividad de la estrategia.

9. Entender la psicología del mercado: Comprender la psicología del mercado y cómo se comportan otros participantes del mercado es un desafío. Los principiantes suelen tener dificultades para interpretar las señales del mercado y comprender las dinámicas de oferta y demanda.

10. Adaptabilidad a cambios del mercado: Adaptarse a los cambios en las condiciones del mercado puede ser complicado para los principiantes. Los mercados son dinámicos, y la falta de experiencia puede hacer que sea difícil ajustar las estrategias a diferentes escenarios del mercado.

Es importante que los traders principiantes reconozcan estos desafíos y busquen formación, practiquen de manera consistente y sean pacientes mientras desarrollan habilidades y experiencia en el trading. La mejora continua y la capacidad para aprender de los errores son elementos primordiales para superar estos desafíos.

66. ¿Cómo se interpretan las noticias económicas y eventos inesperados en el trading?

Interpretar las noticias económicas y eventos inesperados es otro de los aspectos importantes en el trading, ya que estos pueden tener un impacto significativo en los mercados financieros. A continuación te recopilo las estrategias y enfoques más útiles para gestionar estos eventos:

1. Calendario económico: Revisa el calendario económico para conocer las fechas y horas de las principales noticias y eventos económicos. Esto te permite prepararte con anticipación y ajustar tus posiciones si es necesario.

2. Riesgo de exposición: Considera reducir tu exposición al mercado antes de la publicación de noticias importantes. Esto puede implicar cerrar parcial o totalmente tus posiciones para evitar movimientos adversos del mercado.

3. Ordenes stop-loss y take-profit: Utiliza órdenes stop-loss y take-profit para gestionar automáticamente tus operaciones en caso de movimientos abruptos del mercado. Estas órdenes te permiten establecer niveles predeterminados para limitar pérdidas o asegurar ganancias.

4. Espera y observa: En ocasiones, es prudente esperar y observar cómo se desarrollan los eventos antes de entrar en nuevas operaciones. La volatilidad puede ser alta inmediatamente después de la publicación de noticias, y tomar decisiones apresuradas puede tener alto riesgo.

5. Diversificación de activos: Diversificar tus activos puede ayudar a mitigar el impacto de eventos inesperados en tu cartera. Tener una variedad de activos financieros puede reducir la exposición a movimientos extremos en un solo mercado.

6. Estrategias de cobertura: Considera estrategias de cobertura para proteger tus posiciones ante eventos inesperados. La cobertura implica tomar posiciones opuestas para reducir el riesgo de pérdida.

7. Análisis fundamental: Realiza un sólido análisis fundamental. Comprender los fundamentos económicos y las políticas pueden ayudarte a anticipar el impacto de eventos inesperados y tomar decisiones racionales.

8. Reacciona rápidamente: En algunos casos, la rapidez para reaccionar es esencial. Tener la capacidad de monitorear las noticias en tiempo real y tomar decisiones rápidas puede ser beneficioso, especialmente en situaciones de alta volatilidad.

9. Simulaciones y entrenamiento: Practica la gestión de eventos inesperados a través de simulaciones y entrenamientos en entornos de mercado simulados. Esto puede ayudarte a desarrollar la habilidad de manejar situaciones de crisis sin arriesgar capital real.

10. Ajusta estrategias a corto plazo: Si operas a corto plazo, ajusta tus estrategias para aprovechar la volatilidad que a menudo sigue a eventos importantes. Sin embargo, esto también implica un mayor riesgo, por lo que es necesario ser cauteloso.

Recuerda que el riesgo nunca puede eliminarse por completo en el trading, pero con una gestión cuidadosa y estrategias adaptativas, puedes reducir la exposición y aumentar la probabilidad de tomar decisiones más óptimas durante eventos inesperados.

67. ¿Cuáles son los riesgos asociados al uso de apalancamiento?

El uso de apalancamiento en el trading implica asumir riesgos significativos y puede amplificar tanto las ganancias como las pérdidas. En los siguientes puntos, te resumo los riesgos que debemos tener en cuenta y que están asociados al uso de apalancamiento:

1. Amplificación de pérdidas: El riesgo más evidente es la amplificación de pérdidas. Si el mercado se mueve en contra de tus posiciones apalancadas, las pérdidas se multiplicarán en comparación con operaciones sin apalancamiento.

2. Margen y llamadas de margen (*Margin call*): Operar con apalancamiento implica el uso de margen, lo que significa que estás operando con dinero prestado. Si tus pérdidas superan el capital propio y alcanzan el nivel del margen, podrías enfrentarte al *margin call,* que requiere fondos adicionales o el cierre forzado de posiciones.

3. Riesgo de pérdida total: El apalancamiento puede llevar a la pérdida total del capital invertido. En situaciones extremas, las pérdidas pueden exceder el capital inicial, especialmente si no se utiliza una gestión de riesgos adecuada.

4. Volatilidad del mercado: La volatilidad del mercado puede amplificar los riesgos del apalancamiento. Los movimientos bruscos e inesperados pueden causar pérdidas rápidas y sustanciales, especialmente en posiciones altamente apalancadas.

5. Riesgo de gaps: Los gaps en el mercado (huecos en el precio entre cierres sucesivos) pueden ser peligrosos al operar con apalancamiento. Si se produce un gap en contra de tus posiciones, las pérdidas pueden ser más grandes de lo anticipado.

6. Costos de financiamiento: Utilizar apalancamiento a menudo implica pagar costos de financiamiento, especialmente si mantienes posiciones apalancadas durante períodos prolongados. Estos costos pueden afectar tu rentabilidad.

7. Presión psicológica: La presión psicológica puede ser intensa cuando se operan posiciones altamente apalancadas. Las emociones pueden afectar la toma de decisiones, y la ansiedad asociada con el apalancamiento puede ser perjudicial para la salud mental del trader.

8. Errores de cálculo: Errores en los cálculos o malentendidos sobre el nivel de apalancamiento utilizado pueden resultar en pérdidas no planificadas. Es esencial comprender completamente cómo funciona el apalancamiento y utilizarlo de manera consciente.

9. Riesgo de mercado: Además de los riesgos específicos del apalancamiento, también estás expuesto a los riesgos inherentes al mercado en sí. Factores macroeconómicos, eventos geopolíticos y otras variables pueden afectar tus posiciones apalancadas.

10. Dificultades en recuperarse de pérdidas: Pérdidas significativas pueden hacer que sea más difícil recuperarse y volver al punto de equilibrio. La recuperación de grandes pérdidas conlleva un mayor porcentaje de ganancias para volver al mismo nivel.

Para gestionar los riesgos asociados al uso de apalancamiento, es primordial implementar una sólida gestión de riesgos, establecer límites de pérdidas y operar con sumo cuidado. Muchos traders optamos por utilizar apalancamiento de manera conservadora y nos centramos en la protección del capital, reconociendo los riesgos inherentes a esta herramienta.

68. ¿Qué hacer en caso de una caída del mercado?

Enfrentarnos a una caída del mercado puede ser un gran desafío, pero hay medidas que los inversores y traders podemos utilizar para gestionar la situación de manera efectiva. A continuación, te presento las acciones que podrías considerar en caso de una caída del mercado:

1. Mantén la calma y evita decisiones impulsivas: La reacción emocional puede ser perjudicial en momentos de volatilidad. Por tanto, mantén la calma y evita tomar decisiones impulsivas. La toma de decisiones basada en el pánico puede llevarte a errores costosos.

2. Revisa tu estrategia de inversión: Evalúa tu estrategia de inversión a largo plazo. Si tu estrategia está fundamentada en objetivos sólidos y una diversificación adecuada, es posible que no necesites realizar cambios significativos debido a movimientos a corto plazo.

3. Rebalancea tu cartera: Considera rebalancear tu cartera si la caída del mercado ha alterado la asignación de activos original. Volver a equilibrar la cartera suele implicar comprar activos infravalorados o vender aquellos que han aumentado su peso.

4. Aprovecha oportunidades de compra: Una caída del mercado puede presentar oportunidades de compra. Si tienes efectivo disponible y ves valores infravalorados que se alinean con tu estrategia a largo plazo, podrías considerar comprar a precios más bajos.

5. Revisa tu tolerancia al riesgo: Evalúa tu tolerancia al riesgo. Si la caída del mercado ha afectado tu capacidad para dormir tranquilo por la noche, puede ser un indicador de que tu tolerancia al riesgo es más baja de lo que pensabas. Considera ajustar tu cartera según tus objetivos y comodidad.

6. Diversifica tu cartera: La diversificación sigue siendo una estrategia primordial para gestionar el riesgo. Una cartera bien diversificada puede ayudarte a mitigar las pérdidas en una clase de activos específica.

7. Mantente informado: Mantente informado sobre las condiciones del mercado y los factores económicos que podrían estar afectando la caída. La comprensión de los fundamentos puede ayudarte a tomar decisiones más racionales.

8. Refuerza la disciplina financiera: Refuerza la disciplina financiera. Si tienes un plan de inversión sólido, mantente fiel a él. Evita tomar decisiones impulsivas basadas en el ruido del mercado o las emociones momentáneas.

9. Revisa tu estrategia de salida: Si tienes una estrategia de salida predeterminada para ciertas condiciones del mercado, revisa si es el momento de implementarla. Establecer niveles claros para tomar ganancias o limitar pérdidas puede ayudarte a mantener la disciplina.

10. Consulta con un asesor financiero independiente: Si estás inseguro sobre cómo proceder, considera consultar con un asesor financiero independiente. Un profesional puede brindarte orientación personalizada en función de tu situación financiera y objetivos.

Recuerda que las caídas del mercado son eventos normales y pueden presentar oportunidades junto con determinados desafíos. Lo importante es mantener una perspectiva a largo plazo, basar tus decisiones en tus objetivos financieros y, si es necesario, ajustar tu estrategia de inversión de manera objetiva y disciplinada.

69. ¿Cómo evitar caer en esquemas de inversión fraudulentos?

Evitar caer en esquemas de inversión fraudulentos es primordial para proteger tus finanzas y evitar pérdidas significativas. A continuación, te menciono algunas pautas y comparto mi experiencia personal para ayudarte a identificar y evitar esquemas de inversión fraudulentos:

1. Investiga la empresa o individuo: Realiza una investigación exhaustiva sobre la empresa o individuo que te ofrece la inversión. Verifica su historial, antecedentes y cualquier queja o reporte en las agencias reguladoras. Busca reseñas de fuentes confiables.

2. Consulta reguladores financieros: Verifica si la empresa o individuo está registrada en los reguladores financieros pertinentes. En muchos países, las autoridades financieras regulan y supervisan a las entidades financieras. Consulta sus registros para asegurarte de que estén autorizados.

3. Desconfía de ofertas demasiado buenas: Ten cuidado con las ofertas que suenan demasiado buenas para ser verdad. Los esquemas fraudulentos a menudo prometen rendimientos extraordinarios sin riesgos. Mantente escéptico ante promesas exageradas.

4. Comprende el producto o servicio: Asegúrate de entender completamente el producto o servicio en el que estás invirtiendo. Si la explicación es vaga o confusa, es una señal de alarma. Un inversor bien informado puede tomar decisiones en base a fundamentos racionales y coherentes.

5. Evita la presión para tomar decisiones rápidas: Desconfía de cualquier persona que te presione para tomar decisiones rápidas e inmediatas. Los estafadores a menudo tratan de crear un sentido de urgencia para evitar que los inversores realicen una debida diligencia.

6. No confíes en garantías absolutas: Desconfía de las garantías absolutas que te puedan ofrecer. Todas las inversiones conllevan riesgos y nadie, puede garantizarte beneficios constantes sin riesgo alguno.

7. Verifica la documentación legal: Examina detenidamente la documentación legal. Asegúrate de recibir y revisar todos los documentos pertinentes, como contratos, prospectos y acuerdos. Busca asesoramiento legal si es necesario.

8. Protege tu información confidencial: Nunca compartas información financiera o personal con alguien que no haya sido debidamente verificado. Los estafadores pueden intentar obtener información confidencial para el robo de tu identidad u otros fines fraudulentos.

9. Consulta fuentes independientes: Consulta fuentes totalmente independientes y objetivas para obtener opiniones sobre la inversión. Busca la opinión de expertos financieros y verifica la información proporcionada por la empresa o individuo.

10. Participa en la educación financiera: Invierte tiempo en educarte financieramente. Cuanto más comprendas sobre inversiones y finanzas, menos vulnerable serás a esquemas fraudulentos.

11. Desconfía de esquemas piramidales: Ten cuidado con los esquemas piramidales, donde se anima a los inversores a reclutar a otros inversores. Estos esquemas a menudo colapsan, dejando a los inversores con pérdidas.

12. Reporta actividades sospechosas: Si sospechas que estás siendo víctima de fraude o has identificado un esquema de inversión fraudulento, repórtalo a las autoridades financieras y a las fuerzas del orden.

Recuerda que la prevención es fundamental. Mantente informado, confirma la legitimidad de las oportunidades de inversión y, si algo parece sospechoso, busca asesoramiento profesional antes de proceder. La prudencia y la diligencia debida son tus mejores defensas contra esquemas de inversión fraudulentos.

70. ¿Es posible prever eventos económicos importantes que afecten al mercado?

Prever eventos económicos importantes que puedan afectar al mercado de manera precisa y consistente es extremadamente difícil. Los mercados financieros son influenciados por una amplia gama de factores, incluyendo eventos económicos, políticos, sociales y geopolíticos, y a menudo son el resultado de interacciones complejas y dinámicas.

Algunas personas, como analistas financieros, economistas y traders experimentados, pueden tener habilidades para analizar datos, interpretar indicadores económicos y anticipar ciertos eventos en función de las tendencias históricas o patrones observados. Sin embargo, incluso para ellos, prever eventos específicos con certeza es un desafío.

A continuación, te resumo las razones por las cuales prever eventos económicos importantes es una tarea difícil:

1. Incertidumbre inherente: La economía y los mercados están sujetos a

127

una incertidumbre inherente. Factores impredecibles, como desastres naturales, eventos geopolíticos y cambios súbitos en las condiciones económicas, pueden tener un impacto significativo y son muy difíciles de anticipar.

2. Información asimétrica: La información disponible para los diferentes participantes del mercado puede ser asimétrica. Algunos eventos pueden ser conocidos por ciertos actores antes de hacerse públicos, lo que dificulta la predicción para aquellos que no tienen acceso a esa información.

3. Reacción del mercado: Incluso si se predice correctamente un evento, la reacción del mercado puede ser difícil de anticipar. Las expectativas del mercado y las reacciones de los inversores pueden variar y, a menudo, son influenciadas por factores psicológicos y emocionales.

4. Eventos inesperados: Muchos eventos que afectan a los mercados son inesperados y difíciles de anticipar. Por ejemplo, crisis financieras, pandemias y los cambios políticos inesperados pueden tener consecuencias significativas que no fueron previstas.

5. Interconexión de factores: Los mercados están interconectados y son influenciados por una multitud de factores. La combinación de diferentes variables y eventos puede generar resultados inesperados, haciendo que la predicción precisa sea complicada.

A pesar de los distintos escenarios que pueden acontecer, existen herramientas y enfoques para analizar tendencias y evaluar el riesgo en los mercados financieros. El análisis fundamental y técnico, así como el monitoreo de indicadores económicos significativos, pueden proporcionarte información valiosa. Sin embargo, es importante tener en cuenta que incluso con el análisis más sofisticado, siempre existe un grado de incertidumbre en los mercados financieros. La diversificación, la gestión de riesgos y la toma de decisiones objetivas son aspectos, a considerar, para abordar la imprevisibilidad del entorno financiero.

Capítulo 10: Aspectos éticos del trading

71. ¿Cuál es la ética del trading y cómo se mantiene?

La ética del trading se refiere a los principios morales y valores que guían el comportamiento de los participantes en los mercados financieros. Mantener una ética consistente en el trading es necesario para preservar la integridad del mercado y la confianza de los inversores. A continuación te expongo algunos puntos a considerar sobre la ética del trading y cómo se mantiene:

1. Transparencia: Los traders éticos buscamos la transparencia en todas las acciones que realizamos. Esto incluye proporcionar información precisa y completa sobre las operaciones, estrategias y riesgos asociados.

2. Cumplimiento normativo: Respetar y cumplir con todas las leyes y regulaciones financieras es esencial. Esto abarca desde el insider trading hasta el cumplimiento de las reglas establecidas por las autoridades regulatorias.

3. Conflicto de intereses: Evitar situaciones en las que puedan surgir conflictos de intereses. Los traders éticos, en el caso de que representen una gran entidad o institución, deben actuar en beneficio de los clientes o inversores y evitar acciones que puedan beneficiarlos personalmente a expensas de otros.

4. Integridad personal: La honestidad y la integridad personal son fundamentales. Los traders éticos no manipulamos información ni engañamos a otros participantes del mercado.

5. Gestión del riesgo: La ética del trading incluye una gestión responsable del riesgo. Los traders debemos entender y comunicar claramente los riesgos asociados con nuestras estrategias y operaciones.

6. Equidad y justicia: Buscar la equidad en las transacciones y operaciones es esencial. Esto implica tratar a todos los participantes del mercado con justicia y respeto, sin favorecer a ciertos individuos o grupos.

7. Desarrollo profesional: Los traders éticos buscamos el desarrollo continuo de nuestras habilidades y conocimientos. Esto nos permite tomar decisiones objetivas y éticas en el mercado.

8. Responsabilidad social: Considerar el impacto social y ambiental de las inversiones y decisiones comerciales. Algunos inversores éticos también buscamos oportunidades que respalden causas sociales o ambientales.

9. Educación y divulgación: Compartir conocimientos y educar a otros sobre las prácticas éticas del trading contribuye a una comunidad financiera mejor informada y más ética.

Mantener la ética en el trading requiere un compromiso personal y profesional. Los traders éticos no solo seguimos las reglas, sino que también adoptamos un enfoque proactivo para tomar decisiones éticas en todas las áreas de nuestra actividad.

72. ¿Es ético utilizar información privilegiada en el trading?

No, el uso de información privilegiada en el trading no es ético y, además, es ilegal en la mayoría de los mercados financieros. La información privilegiada se refiere a información relevante y no pública que podría afectar significativamente el precio de un valor. Utilizar esta información para realizar operaciones de trading confiere una ventaja injusta a aquellos que tienen acceso a ella, perjudicando a otros participantes del mercado y socavando la integridad del sistema financiero.

Las razones por las cuales el uso de información privilegiada se considera no ético son:

1. Desigualdad de información: La información privilegiada crea una desigualdad injusta entre los participantes del mercado, ya que solo algunos tienen acceso a datos que podrían influir en las decisiones de inversión.

2. Daño a la confianza en el mercado: La confianza en los mercados financieros es esencial para su buen funcionamiento. El uso de información privilegiada mina esta confianza al sugerir que el juego no es justo y que algunos participantes tienen ventajas indebidas.

3. Injusticia y perjuicio: Las personas que no tienen acceso a información privilegiada pueden sufrir pérdidas financieras injustas debido a las transacciones basadas en esa información. Esto va en contra de los principios de equidad y justicia en el trading ético.

4. Daño a la reputación personal y profesional: El uso de información privilegiada puede tener graves consecuencias legales y también dañar la reputación personal y profesional del trader. La industria financiera valora la integridad y la transparencia, y violar estas normas puede tener consecuencias a largo plazo.

5. Impacto negativo en la eficiencia del mercado: El uso de información privilegiada puede distorsionar la eficiencia del mercado, ya que los precios de los activos pueden reflejar información incorrecta o incompleta.

Los reguladores financieros imponen sanciones severas a aquellos que son atrapados utilizando información privilegiada. Por lo tanto, el uso de información privilegiada no solo es éticamente cuestionable, sino que también es ilegal y puede tener consecuencias legales significativas. Los traders éticos deben basar sus decisiones en información pública y trabajar para preservar la integridad y la equidad de los mercados financieros.

73. ¿Cuál es la responsabilidad del trader hacia la comunidad financiera?

La responsabilidad del trader hacia la comunidad financiera es multifacética y está vinculada a principios éticos y prácticas que contribuyan a la integridad y eficiencia de los mercados. Voy a destacar algunas dimensiones de la responsabilidad del trader hacia la comunidad financiera:

1. Integridad y ética: La responsabilidad fundamental del trader es operar con integridad y seguir prácticas éticas. Esto implica evitar comportamientos ilegales, como el uso de información privilegiada, y promover la transparencia en todas las transacciones.

2. Respeto a las normativas y regulaciones: Los traders debemos cumplir con todas las leyes y regulaciones financieras. Esto no solo garantiza el respeto por las normas, sino que también contribuye a la estabilidad y confianza en los mercados.

3. Gestión responsable del riesgo: Los traders tenemos el compromiso de gestionar de manera responsable los riesgos asociados con nuestras estrategias. Esto no solo protege nuestros propios intereses, sino que también evita posibles impactos negativos en la estabilidad del mercado.

4. Divulgación transparente: Proporcionar información clara y precisa sobre las operaciones y estrategias ayuda a mantener la transparencia en los mercados. La divulgación transparente contribuye a una toma de decisiones más objetiva y equitativa por parte de todos los participantes.

5. Colaboración y educación: Los traders tenemos la responsabilidad de colaborar con otros participantes del mercado y contribuir al intercambio de conocimientos. La educación sobre las mejores prácticas y la comprensión de los riesgos beneficia a toda la comunidad financiera.

6. Participación en la mejora del mercado: Los traders podemos contribuir a la mejora de los mercados financieros participando en iniciativas que promuevan la eficiencia y la equidad, como la adopción de tecnologías innovadoras y la colaboración con reguladores para mejorar las prácticas del mercado.

7. Compromiso social y ambiental: Algunos traders éticos también consideramos nuestra responsabilidad social y ambiental al tomar decisiones de inversión. Podemos buscar oportunidades que respalden causas sociales o ambientales, contribuyendo al bienestar general.

8. Resiliencia frente a crisis: En momentos de crisis financiera, los traders tenemos la responsabilidad de actuar de manera prudente y respetuosa con el sistema financiero global. Esto implica evitar comportamientos especulativos excesivos que puedan exacerbar las crisis.

En consecuencia a todo lo anterior, la responsabilidad del trader hacia la comunidad financiera abarca desde la integridad y ética individual hasta la contribución a la estabilidad y eficiencia del mercado en su conjunto. Un enfoque ético y responsable no solo beneficia al trader individual, sino que también fortalece la confianza y la integridad de los mercados financieros en general.

74. ¿Cómo se puede evitar contribuir a la volatilidad excesiva del mercado?

Evitar contribuir a la volatilidad excesiva del mercado es necesario para preservar la estabilidad y la integridad del sistema financiero. Las prácticas que los traders podemos adoptar para ayudar a minimizar la volatilidad excesiva son:

1. Gestión de riesgos prudente: Los traders debemos implementar estrategias de gestión de riesgos sólidas para evitar posiciones excesivamente apalancadas. La sobreexposición puede aumentar la probabilidad de movimientos abruptos del mercado.

2. Evitar el comportamiento especulativo extremo: Los traders debemos abstenernos de participar en comportamientos especulativos extremos que puedan contribuir a la volatilidad. Esto incluye evitar estrategias que dependan de movimientos de precios extremadamente rápidos o irracionales.

3. Uso moderado de productos derivados: El uso excesivo de productos derivados, como opciones y futuros, puede aumentar la volatilidad del mercado. Los traders debemos utilizar estos instrumentos de manera prudente y entender completamente los riesgos asociados.

4. Evitar la manipulación del mercado: Los traders éticos evitamos prácticas de manipulación del mercado, como la difusión de rumores falsos o la ejecución de operaciones destinadas a inducir artificialmente la volatilidad. Tales acciones no solo son inmorales sino también ilegales.

5. Participación responsable en los eventos de noticias significativas: Algunas estrategias de trading pueden contribuir a la volatilidad durante eventos con noticias importantes. Los traders debemos ser conscientes de nuestro impacto en estos momentos y actuar de manera responsable para evitar exacerbaciones innecesarias de la volatilidad.

6. Monitoreo constante de la liquidez: Los traders debemos monitorear de cerca la liquidez del mercado. La falta de liquidez puede aumentar la volatilidad, especialmente en situaciones de mercado adversas. Los traders debemos ajustar nuestras estrategias en consecuencia.

7. Colaboración con reguladores: Colaborar con reguladores y seguir las directrices y reglas establecidas ayuda a mantener la integridad del mercado. Los traders debemos cooperar con las autoridades para garantizar un ambiente de trading justo y ordenado.

8. Uso de algoritmos de trading responsables: Los algoritmos de trading automatizado deben diseñarse y monitorearse cuidadosamente para evitar que contribuyan a movimientos excesivos del mercado. La implementación responsable de algoritmos ayuda a prevenir el trading de alta frecuencia no deseado.

9. Formación continua: Los traders debemos mantenernos informados sobre las mejores prácticas y las últimas tendencias en el mercado. La formación continua puede ayudarnos a evitar comportamientos que podrían contribuir a la volatilidad excesiva.

10. Conciencia del impacto sistémico: Los traders debemos ser conscientes de cómo nuestras acciones individuales pueden tener un impacto en el sistema financiero en su conjunto. La consideración del impacto sistémico puede ayudar a evitar prácticas que contribuyan a la volatilidad excesiva.

En última instancia, una combinación de prácticas éticas, gestión de riesgos prudente y colaboración con reguladores contribuirá a un ambiente de mercado más estable y sostenible. Evitar comportamientos que exacerban la volatilidad es esencial para la salud a largo plazo de los mercados financieros.

75. ¿Es ético seguir estrategias de trading que puedan afectar negativamente a otros?

La ética en el trading implica considerar no sólo el propio interés, sino también el impacto de las acciones en otros participantes del mercado. En términos generales, seguir estrategias de trading que puedan afectar negativamente a otros plantea dilemas éticos. Algunas consideraciones importantes que debemos cuidar incluyen:

1. Equidad y justicia: Una estrategia de trading que cause daño injusto a otros participantes del mercado puede considerarse éticamente cuestionable. Buscar obtener beneficios a expensas de otros de manera injusta va en contra de los principios de equidad y justicia.

2. Transparencia y honestidad: Estrategias que se basan en la falta de transparencia o en la manipulación de información pueden ser éticamente problemáticas. La honestidad y la transparencia son pilares fundamentales de la ética en el trading.

3. Impacto sistémico: Considerar el impacto sistémico de una estrategia es esencial. Las acciones que contribuyen a la volatilidad excesiva, manipulan los precios o generan dislocaciones en el mercado pueden tener consecuencias negativas para el sistema financiero en su conjunto.

4. Cumplimiento normativo: Estrategias que violan normativas y regulaciones pueden no solo ser éticamente cuestionables, sino también ilegales. Los traders debemos cumplir con todas las leyes y regulaciones aplicables.

5. Responsabilidad social: Algunos traders adoptan un enfoque ético más amplio considerando el impacto social de sus decisiones de inversión. Evitar estrategias que apoyen empresas o prácticas socialmente perjudiciales puede ser parte de una responsabilidad social más amplia.

6. Límites morales personales: Cada trader tiene sus propios límites morales y éticos. Algunos pueden sentirse incómodos siguiendo estrategias que puedan perjudicar a otros, incluso si son legales. Respetar esos límites personales contribuye a una toma de decisiones ética.

Es importante destacar que en el mundo del trading, los participantes a menudo tienen objetivos opuestos, y lo que beneficia a un trader puede perjudicar a otro. Sin embargo, la ética en el trading implica buscar un equilibrio entre la búsqueda legítima de ganancias y el respeto por los demás participantes y la integridad del mercado.

En última instancia, cada trader debe reflexionar sobre sus propias acciones y decisiones, considerando cómo afectan a otros y si están alineadas con principios éticos consistentes. Adoptar un enfoque ético en el trading contribuye no solo al bienestar individual, sino también a la persistencia a largo plazo de los mercados financieros.

Capítulo 11: Tecnologías emergentes y trading

76. ¿Cómo están afectando la inteligencia artificial y el aprendizaje automático al trading?

La inteligencia artificial (IA) y el aprendizaje automático (machine learning) están teniendo un impacto significativo en el trading, transformando la forma en que los operadores abordan los mercados financieros. A continuación, te destaco algunas formas en las que estas tecnologías emergentes están afectando al trading:

1. Análisis de datos: La IA y el aprendizaje automático pueden analizar grandes conjuntos de datos a velocidades impresionantes, identificando patrones y tendencias que podrían pasar desapercibidos para los humanos.

Además, ayudan en el procesamiento de datos estructurados y no estructurados, incluidas las noticias financieras, informes económicos y eventos del mercado, para tomar decisiones más racionales.

2. Modelos predictivos: Estas tecnologías permiten la creación de modelos predictivos complejos. Los algoritmos pueden prever movimientos del mercado y tomar decisiones en tiempo real basadas en análisis históricos y datos actuales.

También, los modelos predictivos pueden adaptarse y aprender a medida que se enfrentan a nuevas condiciones del mercado.

3. Automatización del trading: La automatización basada en inteligencia artificial permite ejecutar operaciones automáticamente en respuesta a condiciones específicas del mercado.

Así mismo, los algoritmos pueden ejecutar estrategias de trading complejas y ajustarse dinámicamente a medida que cambian las condiciones del mercado.

4. Reducción de sesgo emocional: La IA elimina el componente emocional en las decisiones en el trading, ya que los algoritmos se basan en lógica y datos objetivos en lugar de reacciones emocionales.

Por tanto, esto puede ayudar a reducir errores impulsivos y mejorar la consistencia en la toma de decisiones.

5. Optimización de estrategias: Utilizando algoritmos de aprendizaje automático, los traders pueden optimizar sus estrategias continuamente. Los modelos pueden ajustarse para adaptarse a cambios en las condiciones del mercado y mejorar el rendimiento general.

6. Detección de fraudes y anomalías: La inteligencia artificial se utiliza para identificar patrones de actividad sospechosa o fraudulenta en los mercados financieros, mejorando la seguridad y la integridad del sistema.

7. Adaptación a mercados cambiantes: La capacidad de adaptación de los algoritmos de IA permite a los traders ajustar sus estrategias a medida que evolucionan las condiciones del mercado, lo que es esencial en un entorno financiero dinámico.

En relación a los puntos anteriores, debes considerar que la inteligencia artificial y el aprendizaje automático están transformando el trading al proporcionar herramientas más potentes y eficientes para analizar datos, prever movimientos del mercado y ejecutar estrategias comerciales de manera automatizada. Estas tecnologías emergentes están redefiniendo la forma en que los traders se enfrentan a los desafíos del mercado y toman sus decisiones.

77. ¿Cuál es el papel de las criptomonedas en el mundo del trading?

Las criptomonedas han desempeñado un papel cada vez más importante en el mundo del trading, introduciendo cambios significativos en la forma en que se realizan las transacciones y se gestionan los activos financieros. A continuación, te resalto los aspectos más característicos sobre el papel que están jugando las criptomonedas en el trading:

1. Nuevas oportunidades de inversión: Las criptomonedas han creado nuevas oportunidades de inversión, permitiéndonos a los traders diversificar las carteras más allá de los activos tradicionales como las acciones y bonos.

2. Volatilidad y oportunidades de trading: La naturaleza volátil de las criptomonedas ha atraído a traders que buscamos aprovechar las fluctuaciones de precios para obtener ganancias. La alta volatilidad puede generar grandes oportunidades de trading a corto y largo plazo.

3. Mercado operativo 24/7: A diferencia de los mercados financieros tradicionales, el mercado de criptomonedas opera las 24 horas del día, los 7 días de la semana. Esto nos brinda a los traders la capacidad de realizar transacciones en cualquier momento, lo que es especialmente atractivo para aquellos en que realizan sus operaciones en diferentes husos horarios.

4. Tecnología blockchain: La tecnología blockchain, en la que se basan las criptomonedas, nos ofrece transparencia y seguridad en las transacciones. Los registros inmutables de la cadena de bloques incrementan la confianza en las transacciones.

5. Descentralización: La mayoría de las criptomonedas operan en redes descentralizadas, eliminando la necesidad de intermediarios financieros tradicionales. Esto puede reducir costos y tiempos de liquidación.

6. Tokenización de activos: Las criptomonedas permiten la tokenización de activos tradicionales como bienes raíces y obras de arte. Esto facilita la división de activos en partes más pequeñas, brindándonos a los inversores la capacidad de poseer fracciones de activos que, históricamente, podrían haber estado fuera de nuestro alcance.

7. ICO (Oferta Inicial de Monedas) y Finanzas Descentralizadas (DeFi): Las ICOs han permitido a infinidad de proyectos financiarse mediante la emisión de nuevas criptomonedas. Además, el auge de las Finanzas Descentralizadas (DeFi) ha introducido servicios financieros basados en blockchain, como préstamos, intercambio y staking, sin la necesidad de intermediarios centralizados.

8. Innovación tecnológica: La adopción de criptomonedas ha estimulado la innovación tecnológica en el espacio financiero, incluyendo el desarrollo de contratos inteligentes y otras aplicaciones basadas en blockchain.

Aunque las criptomonedas han aportado beneficios significativos al mundo del trading, es importante tener en cuenta que también representan nuevos desafíos y riesgos, como la volatilidad extrema y la falta de regulación en algunos casos. Los traders debemos ser conscientes de estos aspectos y tomar la debida diligencia antes de participar en el trading de criptomonedas.

78. ¿Cómo afectan las plataformas de trading social al comportamiento de los traders?

Las plataformas de trading social han transformado la forma en que los traders interactúan, comparten información y toman decisiones. Estas plataformas permiten a los usuarios conectarse con otros traders, seguir estrategias exitosas, compartir análisis y participar en discusiones en tiempo real. El impacto en el comportamiento de los traders es significativo y puede manifestarse de diversas maneras que, a continuación, te detallo:

1. Acceso a conocimientos colectivos: Las plataformas de trading social nos brindan a los traders acceso a conocimientos colectivos de la comunidad. Podemos aprender de las experiencias y estrategias de otros, lo que puede ser especialmente valioso para los traders menos experimentados.

2. Influencia y seguimiento de expertos: Algunos traders pueden seguir a expertos y líderes de opinión en estas plataformas, replicando automáticamente sus operaciones o recibiendo notificaciones sobre sus movimientos. Esto puede influir en las decisiones de trading de aquellos que siguen a estas figuras.

3. Presión social: La visibilidad de las operaciones y el rendimiento en tiempo real en las plataformas de trading social puede generar presión social. Los traders pueden sentir la necesidad de demostrar su habilidad y obtener reconocimiento dentro de la comunidad, lo que podría influir en su comportamiento de trading.

4. FOMO (Miedo a Perderse): La exposición a las operaciones exitosas de otros traders puede generar FOMO entre los participantes, llevándolos a tomar decisiones impulsivas para no perderse oportunidades percibidas en el mercado.

5. Compartir estrategias y análisis: Los traders comparten activamente estrategias, análisis técnico y opiniones en tiempo real. Esto puede crear un entorno colaborativo, pero también puede llevar a la adopción acrítica de ciertas estrategias sin una comprensión profunda.

6. Feedback instantáneo: La retroalimentación instantánea de la comunidad puede afectar el ánimo y la confianza de un trader. Comentarios positivos pueden reforzar ciertos comportamientos, mientras que críticas pueden generar dudas y ajustes en la estrategia.

7. Emulación de operaciones exitosas: Al observar las operaciones exitosas de otros traders, algunos participantes pueden verse tentados a emular esas estrategias sin entender completamente los fundamentos o riesgos involucrados.

8. Riesgo de seguir al líder: La tendencia a seguir a otros traders exitosos, sin una comprensión adecuada de las estrategias, puede aumentar el riesgo de comportamientos de rebaño, donde muchos traders adoptan posiciones similares simultáneamente.

Es importante destacar que, aunque las plataformas de trading social ofrecen beneficios en términos de aprendizaje colaborativo y acceso a información, también presentan riesgos. Los traders deben mantener un enfoque crítico, realizar su propia investigación y tomar decisiones fundamentadas, considerando tanto la información social como otros factores relevantes del mercado.

79. ¿Es recomendable utilizar chatbots o asesores virtuales en el trading?

La utilización de chatbots o asesores virtuales en el trading puede ser beneficiosa en ciertos contextos, pero también presenta ciertos desafíos y consideraciones importantes. A continuación, te expongo las ventajas y desventajas a tener en consideración:

Ventajas:

1. Acceso 24/7: Los chatbots pueden proporcionar asistencia y responder preguntas las 24 horas del día, los 7 días de la semana, lo que es especialmente útil en un mercado que opera de manera continua.

2. Automatización de tareas repetitivas: Los chatbots pueden realizar tareas rutinarias, como proporcionar información básica sobre el estado de una cuenta, ejecutar operaciones simples o proporcionar actualizaciones de mercado, liberando tiempo para que los traders nos centremos en decisiones más estratégicas.

3. Respuestas rápidas y precisas: Los chatbots pueden proporcionar respuestas rápidas y precisas basadas en algoritmos predefinidos, lo que puede ser útil para consultas comunes.

4. Formación y orientación: Los asesores virtuales pueden formar a los traders, proporcionando información sobre conceptos básicos de trading, términos financieros y estrategias, lo que puede ser valioso, especialmente para traders principiantes.

5. Reducción de errores humanos: La automatización a través de chatbots puede ayudar a reducir errores humanos al ejecutar operaciones y realizar tareas repetitivas según reglas predefinidas.

Desventajas:

1. Limitaciones en la complejidad: Los chatbots pueden tener dificultades para manejar consultas complejas o situaciones inusuales que requieren un juicio más subjetivo. Su utilidad podría limitarse en comparación con la interacción con un ser humano.

2. Falta de empatía: Los chatbots carecen de empatía y la capacidad de entender las emociones humanas. En situaciones emocionales, como momentos de volatilidad del mercado, la falta de empatía puede resultar desventajosa.

3. Dependencia de algoritmos: Los asesores virtuales dependen de algoritmos y programación precisa. Si los algoritmos no son robustos o no se actualizan adecuadamente, los resultados pueden ser impredecibles.

4. Riesgo de malentendidos: Los chatbots pueden malinterpretar las consultas o proporcionar respuestas basadas en interpretaciones literales, lo que podría llevar a malentendidos.

5. Seguridad y privacidad: La seguridad de la información personal y financiera es una preocupación. Si no se implementan adecuadamente, los chatbots pueden representar un riesgo de seguridad.

A colación de todo lo anterior, la utilización de chatbots en el trading puede ser beneficiosa para tareas específicas y consultas simples. Sin embargo, es esencial equilibrar la automatización con la necesidad de juicio humano, especialmente en situaciones complejas o emocionales. Los traders debemos evaluar cuidadosamente nuestras necesidades, considerar la complejidad de las operaciones a realizar y asegurarnos de que cualquier chatbot o asesor virtual implementado cumpla con los estándares de seguridad y privacidad.

80. ¿Cómo se están utilizando las tecnologías blockchain en el ámbito financiero?

Las tecnologías blockchain, que sirven como la base de las criptomonedas como Bitcoin y Ethereum, están transformando el ámbito financiero al ofrecer una serie de beneficios, incluyendo transparencia, seguridad y eficiencia. Hay varias formas en las que se están utilizando las tecnologías blockchain en el sector financiero, como pueden ser:

1. Transferencias y pagos internacionales: La blockchain permite realizar transferencias de dinero transfronterizas de manera más rápida y económica, eliminando la necesidad de intermediarios y reduciendo los costos asociados con los sistemas tradicionales.

2. Contratos inteligentes: Los contratos inteligentes son programas informáticos en la blockchain que se ejecutan automáticamente cuando se cumplen ciertas condiciones predefinidas. Estos contratos pueden utilizarse para automatizar procesos en transacciones financieras, como pagos y liquidaciones.

3. Liquidación y compensación más rápidas: La tecnología blockchain puede acelerar los procesos de liquidación y compensación al eliminar intermediarios y permitir la liquidación en tiempo real. Esto puede reducir los riesgos y los costos asociados con los sistemas tradicionales.

4. Tokenización de activos: Los activos del mundo real, como bienes raíces o acciones, pueden ser tokenizados y representados en la blockchain como tokens digitales. Esto facilita la división y transferencia fraccionada de activos, lo que puede hacer que la inversión en ciertos activos sea más accesible.

5. Finanzas Descentralizadas (DeFi): La blockchain ha habilitado el desarrollo de plataformas DeFi, que ofrecen servicios financieros descentralizados, como préstamos, intercambio y staking, sin depender de intermediarios tradicionales.

6. Registro de identidad y KYC (Conozca a su Cliente): La blockchain puede utilizarse para gestionar registros de identidad de manera segura y descentralizada, mejorando la eficiencia de los procesos KYC y reduciendo el riesgo de fraudes.

7. Gestión de activos: Las blockchain permiten la creación de registros inmutables de la propiedad y transferencia de activos financieros, lo que puede simplificar y agilizar la gestión de carteras y la emisión de valores.

8. Transparencia y auditoría: La blockchain proporciona un registro transparente e inmutable de todas las transacciones, lo que facilita la auditoría y garantiza la integridad de los datos financieros.

9. Prevención del fraude: La inmutabilidad de la blockchain y la necesidad de consenso en la validación de transacciones pueden ayudar a prevenir el fraude al hacer más difícil la manipulación de datos.

10. Gobierno corporativo: La blockchain puede utilizarse para mejorar la transparencia en el gobierno corporativo, permitiendo un seguimiento más preciso de las decisiones y acciones de la junta directiva.

En consecuencia, las tecnologías blockchain están impulsando una serie de innovaciones en el ámbito financiero, mejorando la eficiencia, la seguridad y la accesibilidad de los servicios financieros. A medida que la adopción continúa, es probable que surjan más casos de uso y beneficios en la industria financiera.

Capítulo 12: Estrategias específicas de trading

81. ¿Qué es el arbitraje y cómo se puede utilizar en el trading?

El arbitraje es una estrategia de trading que busca aprovechar las diferencias de precio entre dos o más activos o mercados para obtener ganancias. La idea principal detrás del arbitraje es comprar un activo a un precio más bajo en un mercado y venderlo a un precio más alto en otro, aprovechando la discrepancia de precios.

Existen diferentes formas de arbitraje, pero todas comparten el objetivo de capitalizar las ineficiencias del mercado. Algunas de las formas más comunes de arbitraje incluyen:

1. **Arbitraje de mercado:** *Arbitraje de mercado spot-futuro*: Se aprovecha de las diferencias entre los precios de un activo en el mercado spot y el mercado de futuros. El trader compra el activo en el mercado spot y vende un contrato de futuros del mismo activo, buscando beneficiarse de la convergencia de precios.

2. **Arbitraje geográfico:** *Arbitraje de divisas*: Implica aprovechar las diferencias en los tipos de cambio entre diferentes mercados o lugares geográficos.

3. **Arbitraje de rendimiento:** *Arbitraje de tasas de interés*: Busca beneficiarse de las diferencias en las tasas de interés entre dos activos financieros. Por ejemplo, el trader puede pedir prestado a una tasa baja y prestar a una tasa más alta.

4. **Arbitraje estadístico:** *Pares de trading (pairs trading):* Se basa en la relación histórica de precios entre dos activos. El trader compra el activo que considera infravalorado y vende el sobrevalorado, esperando que los precios se muevan hacia su relación histórica.

Es esencial destacar que el arbitraje requiere rapidez y eficiencia, ya que las oportunidades suelen ser efímeras y pueden desaparecer rápidamente. Además, con el avance de la tecnología, el arbitraje se ha vuelto más automatizado, utilizando algoritmos y sistemas de trading de alta frecuencia para ejecutar las operaciones de manera casi instantánea.

Es importante también mencionar que, aunque el arbitraje puede ser lucrativo, implica riesgos y no está libre de pérdidas. Los mercados se están volviendo más eficientes con el tiempo, lo que hace que las oportunidades de arbitraje sean menos frecuentes y más difíciles de explotar.

82. ¿Cómo funciona la estrategia de carry trade en el mercado de divisas?

La estrategia de carry trade es una técnica en la que los traders aprovechamos las diferencias en las tasas de interés entre dos divisas para obtener ganancias. Esta estrategia se basa en el concepto de "carry", que se refiere al rendimiento o interés que se gana al mantener una posición en un activo financiero.

A continuación, te explico cómo funciona la estrategia de carry trade en el mercado de divisas:

1. Diferencia de tasas de interés: La esencia del carry trade radica en identificar pares de divisas en las que exista una diferencia significativa en las tasas de interés entre las dos monedas. Por lo general, los traders buscamos comprar la moneda con la tasa de interés más alta y vender la moneda con la tasa más baja.

2. Posiciones largas y cortas: Los traders tomamos una posición larga (compra) en la moneda con la tasa de interés más alta y, al mismo tiempo, tomamos una posición corta (venta) en la moneda con la tasa de interés más baja. Esto implica pedir prestado la moneda con la tasa baja para invertirla en la moneda con la tasa alta.

3. Ganancias por diferencia de tasas: El beneficio proviene de la diferencia en las tasas de interés. Mientras se mantiene la posición abierta, los traders ganamos intereses diarios por la moneda con la tasa más alta y pagamos intereses por la moneda con la tasa más baja. El objetivo es que las ganancias por el carry superen los costos de financiamiento.

4. Riesgos asociados: La estrategia de carry trade no está exenta de riesgos. La principal preocupación es el riesgo cambiario, ya que las tasas de cambio pueden fluctuar y afectar el valor de las posiciones. Además, los cambios en las condiciones económicas y las expectativas del mercado pueden alterar las tasas de interés y afectar la rentabilidad del carry trade.

5. Duración de la posición: Los traders de carry trade solemos mantener las posiciones abiertas durante semanas, meses o incluso años, dependiendo de la naturaleza de las tasas de interés y de cómo evoluciona el mercado.

Es importante destacar que, aunque el carry trade puede ser rentable, también conlleva riesgos considerables. Las fluctuaciones en los tipos de cambio pueden superar las ganancias por intereses, y los cambios en las políticas monetarias pueden alterar las condiciones del carry trade. Los traders debemos tener una gestión de riesgos sólida y estar atentos a los eventos que puedan afectar las tasas de interés y el mercado de divisas.

83. ¿Cuál es la estrategia de "comprar y mantener" y cuándo es apropiada?

La estrategia de "comprar y mantener" (también denominada *buy and hold*) es una estrategia de inversión a largo plazo en la que los inversores compramos activos financieros y los mantenemos durante un período prolongado, independientemente de las fluctuaciones a corto plazo en el mercado. Esta estrategia se basa en la creencia de que, a lo largo del tiempo, los mercados tienden a aumentar en valor y que las fluctuaciones a corto plazo son menos relevantes en el panorama general.

A continuación te destaco los aspectos más significativos de la estrategia de "comprar y mantener" y cuándo puede ser apropiada:

1. Horizonte de inversión a largo plazo: La estrategia de "comprar y mantener" es más adecuada para inversores con un horizonte de inversión

147

a largo plazo, generalmente de varios años o incluso décadas. La idea es permitir que el tiempo compense las fluctuaciones del mercado y aproveche el potencial crecimiento a largo plazo.

2. Diversificación: La diversificación es un componente esencial de la estrategia. Al invertir en una cartera bien diversificada de activos, como acciones, bonos y otros instrumentos financieros, se puede reducir el riesgo asociado con la volatilidad de un solo activo.

3. Aceptación de las fluctuaciones del mercado: Los inversores que adoptan la estrategia de "comprar y mantener" deben estar dispuestos a aceptar las fluctuaciones del mercado a corto plazo sin tomar decisiones impulsivas basadas en movimientos temporales. El enfoque se centra en el rendimiento a largo plazo y en la confianza en que, históricamente, los mercados tienden a crecer con el tiempo.

4. Reinvertir dividendos: Muchos seguidores de esta estrategia optan por reinvertir los dividendos generados por sus inversiones. Esto contribuye al crecimiento del capital a lo largo del tiempo, ya que los dividendos se reinvierten para comprar más acciones.

5. Menos activa en las operaciones: A diferencia de estrategias más activas, la estrategia de "comprar y mantener" implica menos frecuencia de operaciones. Los inversores no buscan constantemente entrar y salir del mercado en respuesta a movimientos a corto plazo.

Esta estrategia puede ser apropiada para inversores que prefieren un enfoque más pasivo y no quieren dedicar tiempo constante al seguimiento del mercado. Sin embargo, es esencial tener en cuenta que, aunque la estrategia ha sido exitosa históricamente, no garantiza resultados positivos en todos los casos y requiere paciencia y disciplina durante los períodos de volatilidad. Además, cada inversor debe evaluar su tolerancia al riesgo, objetivos financieros y horizonte de inversión antes de decidir si la estrategia de "comprar y mantener" es la adecuada para ellos.

84. ¿En qué consiste la estrategia de reversión a la media?

La estrategia de reversión a la media es una técnica de trading que se basa en la idea de que los precios tienden a volver a su valor promedio histórico o a un nivel considerado "normal" después de haberse alejado temporalmente de él. Esta estrategia se centra en identificar momentos en los que un activo financiero ha experimentado movimientos extremos, ya sea al alza o a la baja, y anticipa que los precios eventualmente volverán a niveles más representativos.

A continuación, te detallo los conceptos a considerar en la estrategia de reversión a la media:

1. Identificación de desviaciones significativas: Los inversores que aplican esta estrategia buscamos activos cuyos precios se hayan desviado significativamente de su valor promedio o de una medida estadística como la desviación estándar.

2. Espera de la reversión: La estrategia asume que, con el tiempo, los precios tienden a revertirse hacia su media histórica o hacia un nivel considerado más "normal". Esto puede deberse a factores como eventos temporales, exageraciones del mercado, o reacciones emocionales excesivas de los inversores.

3. Indicadores técnicos y estadísticos: Los traders utilizamos indicadores técnicos y estadísticos para identificar oportunidades de reversión a la media. Por ejemplo, podemos emplear indicadores como las Bandas de Bollinger, la media móvil, o niveles de sobrecompra y sobreventa.

4. Riesgos y tiempo: Aunque la estrategia de reversión a la media puede ser efectiva en ciertos escenarios, no garantiza resultados positivos en todas las situaciones. Además, el tiempo necesario para que ocurra la reversión puede variar, y los precios pueden permanecer fuera de la media durante períodos más prolongados de lo anticipado.

5. Diversificación: La diversificación es fundamental para reducir el riesgo asociado con la estrategia. Al aplicar la reversión a la media a una cartera bien diversificada, los inversores podemos mitigar el impacto de los movimientos extremos en activos individuales.

6. Monitoreo constante: Los traders que implementamos esta estrategia debemos monitorear constantemente el mercado y ajustar las posiciones según sea necesario. La reversión a la media implica una toma de decisiones activa en respuesta a cambios en los precios y condiciones del mercado.

Es importante destacar que la estrategia de reversión a la media no es infalible y puede implicar riesgos. Además, no todos los activos o mercados se comportan de la misma manera, por lo que es esencial realizar un análisis cuidadoso y considerar otros factores antes de aplicar esta estrategia.

85. ¿Cómo se implementa una estrategia de trading de ruptura (breakout)?

La estrategia de trading de ruptura (breakout) se basa en identificar y capitalizar los fuertes movimientos de precios que rompen niveles de soporte o resistencia. En esta estrategia buscamos aprovechar la continuación de una tendencia establecida o el inicio de una nueva tendencia después de que el precio "rompe" un nivel clave. Los pasos generales para implementar una estrategia de ruptura son:

1. Identificación de niveles clave: El primer paso es identificar niveles clave de soporte y resistencia en el gráfico. Estos niveles pueden basarse en máximos y mínimos históricos, líneas de tendencia, o niveles psicológicos. Los traders buscamos áreas donde el precio ha tenido dificultades para superar en el pasado.

2. Confirmación del breakout: Un breakout se confirma cuando el precio rompe significativamente un nivel de soporte o resistencia. Los traders solemos buscar una ruptura con un aumento en el volumen para confirmar la validez del movimiento.

3. Establecimiento de órdenes de entrada: Una vez que se confirma el breakout, los traders podemos establecer las órdenes de entrada para comprar (en el caso de un breakout alcista) o vender (en el caso de un breakout bajista). Estas órdenes se ejecutan automáticamente cuando el precio alcanza un cierto nivel.

4. Gestión de riesgos: Es necesario siempre implementar una gestión de riesgos efectiva al operar con rupturas. Esto puede incluir establecer órdenes de stop-loss para limitar las pérdidas en caso de que el breakout resulte ser una falsa señal. La relación riesgo-recompensa también es importante, buscando obtener mayores ganancias en comparación con las pérdidas potenciales.

5. Seguimiento y ajuste: Los traders debemos seguir de cerca el progreso del trade y ajustar las estrategias según sea necesario. Esto puede incluir mover el stop-loss para proteger las ganancias o cerrar la posición si el mercado muestra signos de reversión.

6. Filtros y confirmaciones adicionales: Algunos traders utilizamos filtros adicionales o confirmaciones para validar los breakouts. Esto podría incluir indicadores técnicos, patrones de velas, o análisis de volumen para respaldar la señal de ruptura.

7. Consideración del contexto del mercado: Es esencial considerar el contexto general del mercado al implementar una estrategia de ruptura. En un mercado lateral o sin tendencia clara, los breakouts pueden ser menos fiables. Los traders podemos preferir operar con rupturas en mercados con fuertes tendencias.

8. Prueba y aprendizaje continuo: Como con cualquier estrategia de trading, es importante probarla en diferentes condiciones de mercado y aprender de las experiencias. La adaptación continua y la mejora de la estrategia son fundamentales para el éxito a largo plazo.

La estrategia de ruptura puede ser efectiva, pero también implica riesgos. Los traders debemos tener cuidado con las falsas señales y la volatilidad que pueden acompañar a los breakouts. La disciplina y la gestión de riesgos adecuada son esenciales para maximizar las oportunidades y minimizar las pérdidas.

86. ¿Qué es el scalping y cuáles son sus características principales?

El scalping es una estrategia de trading a corto plazo que se centra en realizar operaciones rápidas para aprovechar pequeños movimientos de precios en el mercado financiero. Los traders que practicamos el scalping, también conocidos como "scalpers", buscamos obtener beneficios mediante la ejecución de numerosas operaciones en un período muy breve, que puede variar desde segundos hasta unos pocos minutos.

Las características principales a destacar del scalping son:

1. Frecuencia de operaciones: El scalping implica una alta frecuencia de operaciones. Los scalpers podemos realizar decenas o incluso cientos de operaciones en un solo día de trading.

2. Corto plazo: Las posiciones se mantienen abiertas durante un corto período de tiempo, desde segundos hasta unos pocos minutos. Los scalpers buscamos capturar pequeños movimientos de precios que pueden ocurrir en momentos específicos del mercado.

3. Pequeñas ganancias: El objetivo principal del scalping es obtener pequeñas ganancias en cada operación individual. Aunque las ganancias por operación pueden ser pequeñas, la acumulación de estas ganancias a lo largo de muchas operaciones pueden generarnos beneficios significativos.

4. Uso de apalancamiento: Dado que las ganancias por operación son pequeñas, algunos scalpers utilizamos apalancamiento para aumentar nuestra exposición al mercado y, por lo tanto, amplificar los beneficios. Sin embargo, esto también conlleva riesgos significativos.

5. Análisis técnico: El scalping se basa fuertemente en el análisis técnico, utilizando gráficos, indicadores y patrones de velas para tomar decisiones rápidas. La información o análisis fundamental suele tener menos peso en comparación con otras estrategias.

6. Ejecución rápida: La ejecución rápida de órdenes es esencial en el scalping. Los scalpers buscamos entrar y salir del mercado con la menor demora posible para aprovechar los movimientos de precios.

7. Plataformas de trading avanzadas: Los scalpers solemos utilizar plataformas de trading avanzadas con acceso directo al mercado (DMA) que nos permiten ejecutar órdenes de manera rápida y eficiente.

8. Costos de transacción: Dado el gran número de operaciones, los costos de transacción pueden acumularse rápidamente. Por lo tanto, los scalpers debemos prestar atención a los costos de spread y comisiones.

9. Psicología del trader: El scalping puede ser intensivo desde el punto de vista psicológico, ya que los scalpers debemos tomar decisiones rápidas y mantener la disciplina para seguir la estrategia marcada, a pesar de la velocidad del mercado.

10. Requiere concentración y tiempo activo: El scalping requiere una atención constante y activa del trader durante las sesiones de trading. No es una estrategia adecuada para aquellos que no pueden dedicar tiempo completo al monitoreo del mercado.

Es importante destacar que, aunque el scalping puede ser rentable, también implica riesgos significativos. Los costos de transacción, la volatilidad y la necesidad de tomar decisiones rápidas hacen que esta estrategia no sea adecuada para todos los traders. Además, es esencial contar con una sólida gestión de riesgos para protegerse contra pérdidas potenciales.

87. ¿Cuándo es apropiado utilizar opciones en una estrategia de trading?

El uso de opciones en una estrategia de trading puede ser apropiado en diversas situaciones, y depende de los objetivos del trader, la tolerancia al riesgo y las condiciones del mercado. Cabe añadir que, el uso apropiado de opciones necesita unos conocimientos avanzados por parte del trader sobre su funcionamiento. Algunas de las circunstancias en las que el uso de opciones podría ser considerado apropiado son:

1. Estrategias de cobertura: Las opciones se pueden utilizar para cubrir posiciones existentes en otros instrumentos financieros, como las acciones. Esto puede proteger al trader contra movimientos adversos del mercado.

2. Generación de ingresos: Al vender opciones, los traders podemos generar ingresos mediante la prima recibida. Estrategias como la venta de opciones cubiertas o la venta de puts en activos que se desean poseer pueden ser utilizadas con este propósito.

3. Especulación direccional: Los traders también podemos utilizar opciones para especular sobre la dirección futura del mercado. Comprar opciones de compra (calls) si se espera un aumento en el precio del activo subyacente, o comprar opciones de venta (puts) si se espera una disminución.

4. Volatilidad esperada: En situaciones de expectativa de aumento de la volatilidad, los traders podemos emplear estrategias que nos beneficien por este aumento. Por ejemplo, comprar straddles o strangles son estrategias que buscan aprovechar movimientos bruscos en cualquier dirección.

5. Limitar pérdidas: El uso de opciones también puede ayudarnos a limitar las pérdidas. Establecer spreads con opciones puede ser una forma de controlar el riesgo al tiempo que se mantiene el potencial de beneficio.

6. Gestión de cartera: Las opciones pueden ser parte de una estrategia de gestión de cartera más amplia. Al incorporar opciones, los traders podemos ajustar la exposición al riesgo y diversificar nuestra cartera.

7. Eventos corporativos: Antes de los eventos corporativos significativos, como anuncios de ganancias, fusiones o adquisiciones, los traders podemos utilizar estrategias con opciones para posicionarnos de manera que nos beneficien de la volatilidad esperada.

8. Falta de capital: En lugar de adquirir directamente el activo subyacente, aquellos traders con un capital más reducido pueden emplear opciones como una estrategia para participar en los movimientos de precios con una inversión inicial más modesta.

Es fundamental que los traders comprendan completamente cómo funcionan las opciones y los riesgos asociados antes de incorporarlas en sus estrategias. La formación y la gestión de riesgos son totalmente necesarias cuando se negocian opciones, ya que estas derivan su valor del movimiento del precio del activo subyacente y pueden ser volátiles. Además, el tiempo y la volatilidad también afectan el valor de las opciones, por lo que la planificación y el monitoreo continuo son esenciales.

Capítulo 13: Desarrollo profesional en el trading

88. ¿Cómo se puede convertir el trading en una carrera profesional?

Convertir el trading en una carrera profesional requiere un enfoque disciplinado, formación continua y la capacidad de adaptarse a los constantes desafíos del mercado financiero. Los pasos que podrían ayudarte a desarrollar una carrera profesional en el trading son:

1. Formación: Invierte tiempo en formarte sobre los mercados financieros, instrumentos de trading, análisis técnico y fundamental, estrategias de trading, gestión de riesgos y psicología del trading. Hay cursos on-line, libros y programas educativos que pueden proporcionarte una buena base sólida.

2. Desarrolla un plan de trading: Crea un plan de trading completo que incluya tus objetivos financieros, estrategias de entrada y salida, reglas de gestión de riesgos y criterios de evaluación del rendimiento. Un plan bien elaborado te ayudará a mantenerte enfocado y disciplinado.

3. Práctica en cuentas demo: Antes de arriesgar dinero real, practica tus estrategias en cuentas demo. Esto te permitirá perfeccionar tus habilidades sin exponerte a pérdidas financieras.

4. Adopta una estrategia de gestión de riesgos: La gestión de riesgos es fundamental en el trading. Establece límites para las pérdidas y el tamaño de las posiciones, y adhiérete a estos límites de manera disciplinada.

5. Elige un estilo de trading: Identifica un estilo de trading que se adapte a tu personalidad y horizonte temporal. Algunos traders se especializan en el day trading, mientras que otros prefieren el swing trading o el position trading.

6. Establece objetivos realistas: Define metas realistas y alcanzables. Comienza con objetivos a corto plazo y amplía tu horizonte a medida que adquieres experiencia.

155

7. Mantente actualizado: Los mercados financieros están en constante cambio. Mantente informado sobre las noticias económicas, eventos geopolíticos y otros factores que puedan afectar los precios de los activos.

8. Crea un registro de operaciones: Lleva un registro detallado de todas tus operaciones, incluyendo las razones para entrar y salir de cada posición. Analizar tus operaciones pasadas te ayudará a aprender y mejorar.

9. Desarrolla habilidades analíticas: Mejora tus habilidades analíticas, ya sea en análisis técnico, análisis fundamental o ambos. La capacidad de interpretar información y tomar decisiones fundamentadas es esencial.

10. Construye una red profesional: Participa en comunidades de traders, asiste a conferencias y eventos relacionados con el trading. La interacción con otros profesionales puede proporcionarte nuevas perspectivas y oportunidades.

11. Considera las certificaciones: Algunos traders eligen obtener certificaciones reconocidas en la industria financiera, como las emitidas por organismos reguladores o instituciones educativas. Esto puede agregar credibilidad a tu carrera.

12. Evaluación y ajuste continuo: Regularmente evalúa tu rendimiento, revisa tu plan de trading y realiza ajustes según sea necesario. La capacidad de adaptación es necesaria en un entorno dinámico como el mercado financiero.

Recuerda que el trading profesional lleva tiempo y paciencia. Es probable que te enfrentes a desafíos y pérdidas en el camino, pero aprender de esas experiencias contribuirá a tu crecimiento como trader. Además, considera buscar asesoramiento de profesionales experimentados y estar siempre abierto a aprender y evolucionar en tu enfoque.

89. ¿Cuáles son las certificaciones relevantes para los traders?

Existen varias certificaciones relevantes para los traders, ya que estas a menudo validan habilidades específicas y conocimientos en áreas concretos del trading y las finanzas. Algunas certificaciones que podrían ser relevantes dependiendo del área específica de trading o de la región en la que te encuentres son:

1. Chartered Financial Analyst (CFA): La certificación CFA es ampliamente reconocida en la industria financiera. Aunque no está específicamente diseñada para traders, puede ser valiosa para aquellos que trabajan en áreas relacionadas con la gestión de inversiones y la toma de decisiones financieras.

2. Financial Risk Manager (FRM): La certificación FRM se enfoca en la gestión de riesgos financieros. Puede ser relevante para traders que deseen especializarse en la gestión de riesgos y entender a fondo los aspectos relacionados con la volatilidad y las exposiciones de mercado.

3. Chartered Market Technician (CMT): La certificación CMT se centra en el análisis técnico y es especialmente útil para aquellos que desean especializarse en la interpretación de gráficos y patrones de precios. Es otorgada por la Market Technicians Association (MTA).

4. Series 7 - Licencia de Representante de Valores General: Emitida por la Financial Industry Regulatory Authority (FINRA) en los Estados Unidos, la Series 7 es una licencia que permite a los individuos vender una variedad de valores, lo que incluye acciones y opciones.

5. Series 3 - Licencia de Operador de Futuros: También emitida por la FINRA, la Series 3 es necesaria para aquellos que deseen operar en mercados de futuros y opciones de materias primas en los Estados Unidos.

6. Series 56 - Licencia de Trading Propietario (Proprietary Trader): Otorgada por la FINRA, la Series 56 es requerida para aquellos que deseen trabajar como traders propietarios (prop traders) en los Estados Unidos.

7. Certificación de Operador de Derivados (COD): Emitida por el Instituto Mexicano de Ejecutivos de Finanzas (IMEF), esta certificación es relevante para traders en México y evalúa los conocimientos en operaciones de derivados.

8. Certificación de Trader Profesional (CTP): Ofrecida por la Federación

Internacional de Analistas Técnicos (IFTA), la CTP es una certificación global que cubre diversos aspectos del trading y del análisis técnico.

No obstante existen otras muchas certificaciones a nivel mundial y dependiendo del país donde vivas. Es importante destacar que las certificaciones pueden variar en su relevancia según la ubicación geográfica y el área específica de la industria financiera en la que estés interesado. Antes de buscar una certificación, considera tus metas profesionales y asegúrate de que la certificación sea reconocida en tu región y en tu área de especialización. Además, recuerda que, aunque las certificaciones pueden ser valiosas, la experiencia práctica y el rendimiento consistente en el trading también son fundamentales para construir una carrera exitosa.

90. ¿Es beneficioso unirse a una comunidad de trading?

Sí, unirse a una comunidad de trading puede ser beneficioso por varias razones. Estas comunidades ofrecen un entorno donde los traders podemos intercambiar ideas, obtener apoyo, compartir experiencias y acceder a recursos educativos. Las ventajas de participar en una comunidad de trading son:

1. Aprendizaje y desarrollo: Las comunidades de trading suelen ser ricas en recursos educativos. Los miembros compartimos conocimientos, estrategias y análisis de mercado, lo que brinda oportunidades para aprender y desarrollar habilidades.

2. Intercambio de ideas: La diversidad de perspectivas en una comunidad puede ser valiosa. El intercambio de ideas con otros traders puede ayudarte a ver el mercado desde diferentes ángulos y a considerar enfoques que no habías explorado.

3. Apoyo y motivación: El trading puede ser solitario y desafiante emocionalmente. En una comunidad, puedes encontrar apoyo emocional y motivación. Compartir experiencias, tanto éxitos como fracasos, con otros traders puede ayudarte a mantener una mentalidad positiva y afrontar los desafíos.

4. Actualizaciones de mercado en tiempo real: Las comunidades de trading a menudo proporcionan actualizaciones en tiempo real sobre eventos del mercado, noticias económicas y análisis técnico. Esto puede ser útil para tomar decisiones objetivas y estar al tanto de las oportunidades y riesgos en el mercado.

5. Red de contactos: Conectar con otros traders te brinda la oportunidad de construir una red de contactos en la industria financiera. Esto puede ser beneficioso para obtener información, explorar oportunidades profesionales o colaborar en proyectos.

6. Revisión de estrategias: Obtener retroalimentación sobre tus estrategias de trading de otros miembros de la comunidad puede ser valioso. La revisión de estrategias por pares puede ayudarte a identificar áreas de mejora y a perfeccionar tus enfoques.

7. Acceso a recursos exclusivos: Algunas comunidades ofrecen acceso a recursos exclusivos, como webinars, seminarios, bibliotecas de contenido educativo y análisis de expertos. Estos recursos adicionales pueden complementar tu aprendizaje.

8. Disciplina y responsabilidad: Participar en una comunidad puede ayudarte a mantener la disciplina y la responsabilidad. Al compartir tus objetivos y progresos con otros, puedes sentirte más comprometido con tu plan de trading y más inclinado a seguir tus reglas.

9. Oportunidades colaborativas: La colaboración con otros miembros de la comunidad puede generar oportunidades para proyectos conjuntos, investigaciones y desarrollo de estrategias. El trabajo en equipo puede ser beneficioso, especialmente en entornos de trading algorítmico o cuantitativo.

Al unirte a una comunidad de trading, es importante seleccionar una que se alinee con tus objetivos, estilo de trading y valores. Participa activamente, contribuye al intercambio de conocimientos y mantente abierto a aprender de los demás. Sin embargo, también es importante mantener una actitud crítica y filtrar la información, ya que no todas las opiniones pueden ser aplicables a tu enfoque personal de trading.

91. ¿Cómo se pueden encontrar oportunidades laborales en la industria financiera?

Encontrar oportunidades laborales en la industria financiera puede ser un proceso retador, pero hay varias estrategias efectivas que puedes seguir. Los pasos que considero que podrían ayudarte a encontrar oportunidades profesionales en este campo son:

1. Define tus objetivos y habilidades: Antes de comenzar la búsqueda de empleo, identifica tus objetivos profesionales y evalúa tus habilidades y fortalezas. Esto te permitirá enfocarte en roles que se alineen con tus metas y competencias.

2. Desarrolla una red profesional: La red de contactos es decisiva en la industria financiera. Participa en eventos de networking, conferencias, seminarios y otras actividades para conocer a profesionales del sector. Utiliza plataformas como LinkedIn para conectar con personas que trabajan en empresas o roles de tu interés.

3. Investiga empresas y sectores: Investiga empresas y sectores específicos que te interesen. Familiarízate con sus operaciones, cultura organizacional y oportunidades laborales. Esto te permitirá personalizar tus aplicaciones y demostrar un interés genuino durante entrevistas.

4. Utiliza plataformas de búsqueda de empleo: Emplea plataformas on-line para buscar oportunidades laborales. Sitios web especializados en empleos financieros, como eFinancialCareers, Indeed, Glassdoor, y LinkedIn, son útiles para encontrar ofertas de trabajo en la industria.

5. Prepárate con un buen Currículum Vitae (CV) y carta de presentación: Asegúrate de tener un currículum bien estructurado y una carta de presentación convincente que destaquen tu educación, experiencia y habilidades relevantes para la industria financiera. Personaliza estos documentos para cada solicitud.

6. Utiliza conexiones profesionales: Pregunta a tu red de contactos sobre posibles oportunidades laborales y sé proactivo en la búsqueda de información. Las conexiones profesionales pueden ser una fuente valiosa de recomendaciones y consejos.

7. Considera pasantías o programas de formación: Las pasantías y programas de formación son excelentes formas de obtener experiencia práctica y construir contactos en la industria financiera. Algunas empresas utilizan programas de pasantías como una vía para contratar empleados a tiempo completo.

8. Participa en ferias de empleo y eventos de contratación: Asiste a ferias de empleo, eventos de contratación y presentaciones de empresas para conocer directamente a reclutadores y profesionales del sector. Estos eventos ofrecen la oportunidad de presentarte y obtener información sobre oportunidades laborales.

9. Mantente actualizado con las tendencias del mercado: Estar al tanto de las tendencias y desarrollos en la industria financiera muestra a los empleadores que estás comprometido y actualizado. Participa en cursos de actualización y aprendizaje continuo para fortalecer tus habilidades.

10. Utiliza servicios de headhunters y agencias de empleo: Considera la posibilidad de trabajar con headhunters y agencias de empleo especializadas en la industria financiera. Estos profesionales pueden ayudarte a encontrar oportunidades que se ajusten a tus habilidades y objetivos.

11. Prepárate para entrevistas: Practica respuestas a preguntas comunes de entrevistas y prepárate para discutir tus experiencias anteriores y logros. La preparación adecuada aumenta tus posibilidades de impresionar a los reclutadores durante las entrevistas.

Recuerda que la consistencia y la paciencia son factores necesarios en la búsqueda de empleo. Mantén un enfoque positivo, sé proactivo y utiliza diversas estrategias para maximizar tus posibilidades de encontrar la oportunidad laboral adecuada en la industria financiera.

92. ¿Cuál es la importancia de la red de contactos en el trading profesional?

La red de contactos es de suma importancia en el trading profesional, así como en muchas otras industrias financieras. A continuación te detallo las razones por las cuales la red de contactos es importante para los traders:

1. Oportunidades profesionales: La red de contactos puede ser una fuente fundamental para descubrir oportunidades laborales, ya sea para posiciones de empleo, pasantías o colaboraciones profesionales. Conectar con personas dentro de la industria puede abrir puertas a roles que podrían no estar disponibles a través de canales convencionales.

2. Acceso a información y recursos: Estar conectado con profesionales del trading te brinda acceso a información valiosa y recursos que pueden ser esenciales para tu éxito. La industria financiera está en constante cambio, y la red puede ayudarte a mantenerte actualizado sobre las últimas tendencias, eventos del mercado y oportunidades emergentes.

3. Intercambio de ideas y estrategias: Participar en una red te permite intercambiar ideas y estrategias con otros traders. La diversidad de perspectivas puede enriquecer tu enfoque y proporcionar insights que no habrías considerado por ti mismo. Además, aprender de las experiencias de otros puede acelerar tu propio desarrollo como trader.

4. Mentoría y asesoramiento: Conectar con traders más experimentados puede ofrecerte la oportunidad de buscar mentoría y asesoramiento. Un mentor puede proporcionar orientación valiosa, compartir lecciones aprendidas y ayudarte a evitar errores comunes en el trading.

5. Colaboraciones y proyectos conjuntos: La colaboración con otros traders puede llevar a proyectos conjuntos y oportunidades de inversión. Al trabajar en equipo, puedes combinar habilidades y conocimientos para abordar proyectos más grandes o aprovechar oportunidades específicas del mercado.

6. Apoyo emocional y motivación: El trading puede ser emocionalmente desafiante. Contar con una red de contactos te brinda apoyo emocional y motivación. Compartir experiencias y desafíos con colegas puede ayudarte a superar momentos difíciles y mantener una mentalidad positiva.

7. Construcción de credibilidad: Conectar con profesionales respetados en la industria puede contribuir a tu propia credibilidad. Recibir recomendaciones o ser asociado con personas bien consideradas puede fortalecer tu posición en la comunidad de trading.

8. Acceso a eventos y oportunidades de networking: Los eventos de networking, conferencias y seminarios son oportunidades ideales para expandir tu red de contactos. La asistencia a estos eventos te pone en contacto directo con profesionales en la industria y te permite construir relaciones de manera más efectiva que a través de plataformas en línea.

9. Conexiones internacionales: La red de contactos puede trascender fronteras, permitiéndote establecer conexiones con traders y profesionales de todo el mundo. Esto puede ser especialmente valioso en un entorno globalizado como el del trading.

La red de contactos no solo es un componente valioso, sino a menudo indispensable para el éxito en el trading profesional. Cultivar y mantener relaciones sólidas en la industria financiera puede marcar la diferencia en tu carrera y contribuir significativamente a tu desarrollo como trader.

Capítulo 14: Estrategias de trading automático

93. ¿Qué es el trading algorítmico y cómo funciona?

El trading algorítmico, también conocido como trading automático o trading de sistemas, es un enfoque de operaciones financieras que utiliza algoritmos y programas informáticos para realizar operaciones en los mercados financieros. En lugar de depender de decisiones humanas, el trading algorítmico automatiza la ejecución de estrategias predefinidas y reglas comerciales.

A continuación te resaltaré los factores más importantes como son:

1. Definición del trading algorítmico: El trading algorítmico implica el uso de algoritmos matemáticos y modelos estadísticos para tomar decisiones a la hora de realizar una operación en el trading. Estos algoritmos pueden analizar datos del mercado, identificar patrones, ejecutar órdenes y gestionar riesgos de manera automatizada.

2. Desarrollo de estrategias: Los traders algorítmicos desarrollamos estrategias de trading específicas que se implementan a través de algoritmos. Estas estrategias pueden basarse en análisis técnico, análisis fundamental, patrones de precios, indicadores técnicos u otros criterios cuantificables.

3. Recopilación de datos: Los algoritmos requieren datos históricos y en tiempo real para evaluar su desempeño y tomar una serie de decisiones objetivas. Los datos pueden incluir precios de activos, volúmenes de operaciones, noticias económicas y otros indicadores relevantes.

4. Programación de algoritmos: Los programadores codificamos las estrategias de trading en algoritmos que pueden ejecutarse en las plataformas de trading. Estos algoritmos deben ser lo suficientemente flexibles para adaptarse a condiciones cambiantes del mercado.

5. Pruebas y optimización: Antes de implementar un algoritmo en un entorno de trading en vivo, se realiza una fase de prueba utilizando datos históricos. Durante esta etapa, se ajustan y optimizan los parámetros del algoritmo para mejorar su rendimiento.

6. Implementación en tiempo real: Una vez que el algoritmo ha pasado con éxito las pruebas, se implementa en un entorno de trading en tiempo real. El sistema evalúa constantemente las condiciones del mercado y ejecuta operaciones según las reglas predefinidas.

7. Gestión de riesgos: Los algoritmos de trading automático incluyen medidas de gestión de riesgos para proteger la cuenta de trading. Esto puede incluir límites de pérdida, órdenes de stop-loss y otras técnicas para controlar el riesgo.

8. Monitoreo y optimización continua: Los traders algorítmicos supervisamos continuamente el rendimiento de nuestras estrategias y realizamos ajustes según sea necesario. Podemos optimizar los algoritmos para adaptarse a los cambios en las condiciones del mercado.

El trading algorítmico ofrece ventajas como la velocidad de ejecución, la capacidad de operar las 24 horas del día y la objetividad en la toma de decisiones. Sin embargo, también presenta algunos condicionantes, como la necesidad de mantenerse al tanto de los cambios en las condiciones del mercado y la posibilidad de eventos inesperados que pueden afectar el rendimiento de los algoritmos.

94. ¿Cómo se desarrolla un sistema de trading automatizado?

Desarrollar un sistema de trading automatizado implica varios pasos, desde la concepción de la estrategia hasta la implementación y optimización del algoritmo. El desglose de los pasos esenciales en el proceso son:

1. Definición de objetivos y estrategia:

- Objetivos: Establece claramente los objetivos de tu sistema de trading, como el rendimiento anual esperado, la tolerancia al riesgo y otros parámetros.

- Estrategia: Elige una estrategia de trading basada en análisis técnico, análisis fundamental u otros enfoques. Define las reglas de entrada, salida y gestión de riesgos.

2. **Recopilación de datos:** Adquiere datos históricos y en tiempo real relevantes para tu estrategia. Puedes utilizar datos de precios, volúmenes de operaciones, indicadores técnicos, noticias económicas, etc.

3. **Análisis y configuración:** Realiza un análisis detallado de los datos y utiliza herramientas estadísticas para configurar y validar tu estrategia. Puedes usar software especializado o lenguajes de programación como Python para este propósito.

4. **Desarrollo del algoritmo:** Traduce tu estrategia en un algoritmo de trading. Programa las reglas de entrada y salida, así como cualquier lógica adicional necesaria. Puedes utilizar plataformas de desarrollo como MetaTrader, NinjaTrader o lenguajes de programación como Python.

5. **Pruebas de estrategia:** Realiza pruebas retrospectivas (backtesting) del algoritmo utilizando datos históricos para evaluar su rendimiento pasado. Ajusta los parámetros según sea necesario y verifica la viabilidad de la estrategia.

6. **Optimización:** Ajusta los parámetros del algoritmo para maximizar el rendimiento. Ten cuidado de no sobreoptimizar, ya que esto puede llevar a un ajuste excesivo a datos históricos específicos y no garantiza un buen rendimiento futuro.

7. **Implementación en tiempo real:** Transfiere tu algoritmo a una plataforma de trading en tiempo real. Asegúrate de que el sistema esté conectado a los mercados y pueda ejecutar operaciones de manera eficiente.

8. **Gestión de riesgos:** Incorpora medidas de gestión de riesgos en tu algoritmo, como órdenes de stop-loss y límites de pérdida. Establece reglas claras para proteger tu capital de posibles pérdidas.

9. **Monitoreo continuo:** Supervisa el rendimiento del sistema en condiciones reales de mercado. Realiza ajustes según sea necesario y mantén un monitoreo constante para detectar posibles problemas.

10. Optimización continua: A medida que el mercado evoluciona, ajusta tu algoritmo para adaptarte a nuevas condiciones. Considera la posibilidad de mejorar la estrategia y optimizar los parámetros de forma regular.

11. Adherencia a normativas: Asegúrate de cumplir con las normativas y regulaciones del mercado financiero en el que estás operando. Algunas jurisdicciones tienen requisitos específicos para los sistemas de trading automatizado.

12. Formación continua: Mantente actualizado con las tendencias del mercado, nuevas tecnologías y desarrollos en el campo del trading algorítmico. La formación continua es necesaria para el éxito a largo plazo.

Desarrollar un sistema de trading automatizado es un proceso continuo que requiere paciencia, dedicación y habilidades en programación y análisis de datos. Además, es primordial tener una comprensión profunda de los mercados financieros y las estrategias de trading.

95. ¿Cuáles son los pros y contras del trading automático?

El trading automático, también conocido como trading algorítmico, ofrece varias ventajas y desventajas que los traders debemos considerar antes de decidir implementar un sistema automatizado.

Pros del trading automático:

1. Ejecución rápida: Los algoritmos pueden ejecutar órdenes de manera casi instantánea, aprovechando oportunidades de mercado que podrían perderse con la ejecución manual.

2. Disciplina y emoción: Los algoritmos siguen estrictamente las reglas predefinidas sin verse afectados por emociones como el miedo o la codicia. Esto puede ayudar a mantener la disciplina en momentos de volatilidad.

3. Operaciones las 24 horas: Los sistemas automáticos pueden operar en diferentes zonas horarias y durante todo el día, lo que nos permite aprovechar oportunidades en mercados globales sin requerir la presencia constante del trader.

4. Capacidad de procesamiento: Los algoritmos pueden analizar grandes cantidades de datos en tiempo real y ejecutar operaciones de manera eficiente, lo que supera la capacidad humana de procesamiento.

5. Pruebas históricas y optimización: Los traders podemos realizar pruebas retrospectivas (backtesting) de sus estrategias utilizando datos históricos para evaluar el rendimiento pasado y optimizar parámetros.

6. Gestión precisa del riesgo: Los sistemas automáticos pueden incorporar medidas precisas de gestión de riesgos, como órdenes de stop-loss y límites de pérdida, reduciendo la posibilidad de pérdidas significativas.

Contras del trading automático:

1. Complejidad del desarrollo: La creación de un sistema de trading automatizado requiere habilidades técnicas en programación y análisis de datos. La complejidad puede ser un obstáculo para aquellos sin experiencia en programación.

2. Supervisión necesaria: Aunque los algoritmos pueden operar de forma autónoma, requieren supervisión constante para ajustar parámetros, adaptarse a cambios en el mercado y solucionar problemas técnicos.

3. Riesgo tecnológico: Existe el riesgo de fallos técnicos, como problemas de conectividad, errores en el código o fallas en la plataforma, que podrían resultar en pérdidas significativas.

4. Adaptación a condiciones cambiantes: Las estrategias que son exitosas en un entorno de mercado específico pueden volverse obsoletas en condiciones cambiantes. La adaptabilidad del algoritmo es absolutamente necesaria.

5. Eventos inesperados: Los eventos impredecibles, como noticias inesperadas o eventos del mercado, pueden afectar negativamente a los sistemas automáticos que no están diseñados para manejar situaciones fuera de lo común.

6. Costos de desarrollo y mantenimiento: El desarrollo inicial y la posterior optimización y mantenimiento de un sistema automático pueden implicar costos significativos, especialmente si se requiere asesoramiento externo.

7. Dependencia de datos históricos: Los resultados obtenidos en las pruebas históricas pueden no ser indicativos de resultados futuros. Los sistemas pueden estar sobreajustados a condiciones pasadas y no funcionar bien en situaciones cambiantes.

Es esencial que los traders evaluemos cuidadosamente estos pros y contras en función de nuestros objetivos, habilidades y tolerancia al riesgo antes de decidir implementar un sistema de trading automático. Además, como hemos visto anteriormente, la formación continua y la supervisión activa son fundamentales para el éxito a largo plazo en el trading automático.

96. ¿Es necesario saber programación para crear un algoritmo de trading?

Sí, generalmente se requieren conocimientos de programación para crear un algoritmo de trading. La programación es esencial para traducir las reglas y la lógica de tu estrategia de trading en un código que un ordenador pueda entender y ejecutar. Las razones por las cuales la programación es importante en el desarrollo de algoritmos de trading son:

1. Implementación de estrategias: Para llevar a cabo una estrategia de trading, debes programar las reglas específicas que indican cuándo abrir, cerrar o modificar una posición. Este código se ejecutará automáticamente en función de las condiciones del mercado.

2. Automatización: La automatización de las operaciones es esencial en el trading algorítmico. Programar un algoritmo te permite automatizar la ejecución de órdenes en respuesta a señales específicas, sin intervención manual.

3. Backtesting: Para evaluar la efectividad de tu estrategia, es necesario realizar pruebas retrospectivas (backtesting) utilizando datos históricos.

Esto implica escribir código para simular la ejecución de tu estrategia en datos pasados y analizar los resultados.

4. Optimización: A menudo, es necesario ajustar y optimizar un algoritmo en función de los resultados del backtesting. La capacidad de modificar y adaptar el código es esencial para mejorar el rendimiento del sistema.

5. Gestión de datos: Los algoritmos de trading requieren acceso y manejo eficiente de datos financieros, como precios de activos, volúmenes de operaciones, indicadores técnicos, etc. La programación facilita la manipulación y análisis de estos datos.

6. Conectividad con plataformas de trading: La programación es necesaria para establecer la conexión entre tu algoritmo y la plataforma de trading o el bróker que utilizarás para ejecutar las operaciones.

7. Gestión de riesgos: La implementación de medidas de gestión de riesgos, como órdenes de stop-loss, también requiere habilidades de programación para incorporar estas reglas en el código del algoritmo.

Los lenguajes de programación comunes en el desarrollo de algoritmos de trading incluyen Python, Java, C++, y otros. Sin embargo, la elección del lenguaje dependerá de tus preferencias personales, la plataforma de trading que utilices y los requisitos específicos de tu estrategia.

Si bien es posible colaborar con programadores para desarrollar un algoritmo, tener al menos un conocimiento básico de programación te brindará una comprensión más profunda de cómo funciona tu sistema y te permitirá realizar ajustes o correcciones de manera más eficiente. Además, aprender a programar puede ser una habilidad valiosa para cualquier trader interesado en el trading algorítmico.

97. ¿Qué precauciones se deben tomar al utilizar sistemas automáticos de trading?

El uso de sistemas automáticos de trading implica riesgos, y es importante tomar precauciones para mitigar posibles problemas como pueden ser:

1. Backtesting riguroso: Realiza pruebas retrospectivas (backtesting) exhaustivas utilizando datos históricos para evaluar el rendimiento pasado de tu sistema. Sin embargo, ten en cuenta que los resultados pasados no garantizan resultados futuros.

2. Optimización moderada: Evita la sobreoptimización, que ocurre cuando ajustas tu sistema demasiado a datos históricos específicos. Un sistema sobreoptimizado puede no funcionar bien en condiciones de mercado en tiempo real.

3. Supervisión continua: Aunque los sistemas automáticos pueden operar de manera autónoma, requieren supervisión constante. Monitoriza el rendimiento del sistema, ajusta parámetros según sea necesario y estate preparado para intervenir en caso de problemas.

4. Gestión de riesgos: Implementa sólidas medidas de gestión de riesgos, como órdenes de stop-loss. Establece límites para la cantidad de capital que estás dispuesto a arriesgar en una sola operación o en un día.

5. Diversificación: Considera diversificar tus estrategias y activos para reducir la exposición a riesgos específicos. Dependiendo de un solo sistema o activo puede aumentar la vulnerabilidad a movimientos adversos del mercado.

6. Prueba en tiempo real con pequeñas cantidades: Antes de comprometer grandes sumas de dinero, prueba tu sistema en tiempo real utilizando cantidades de capital más pequeñas. Esto te permitirá evaluar su rendimiento en condiciones de mercado reales sin asumir un riesgo excesivo.

7. Comprensión del código: Si utilizas un sistema desarrollado por otros o por asesores externos, asegúrate de entender completamente el código del algoritmo. Esto te permitirá realizar ajustes y correcciones de manera efectiva.

8. Protección contra fallos técnicos: Implementa medidas para protegerte contra fallos técnicos, como interrupciones de conectividad, errores en el código o problemas con la plataforma de trading. Mantén copias de seguridad y planes de contingencia.

9. Cumplimiento normativo: Asegúrate de cumplir con las regulaciones y normativas del mercado financiero en el que operas. Algunas jurisdicciones tienen requisitos específicos para los sistemas automáticos de trading.

10. Formación continua: Mantente actualizado con las tendencias del mercado, las noticias económicas y los desarrollos tecnológicos. La formación continua es esencial para adaptarse a cambios en el mercado y mejorar tus estrategias.

11. Evitar depender exclusivamente del trading automático: No dependas exclusivamente de sistemas automáticos. Mantén una comprensión general de los mercados y, cuando sea necesario, toma decisiones basadas en el análisis humano.

Al tomar estas precauciones, puedes reducir algunos de los riesgos asociados con el trading automático. Sin embargo, recuerda que todos los métodos de trading conllevan riesgos, y no hay garantía de beneficios consistentes. La gestión adecuada del riesgo y la cautela son fundamentales para el éxito a largo plazo.

Capítulo 15: Aspectos sociales y ambientales del trading

98. ¿Existe una conexión entre el trading y la responsabilidad social?

Sí, existe una conexión entre el trading y la responsabilidad social. Aunque el trading a menudo se asocia principalmente con aspectos financieros y económicos, las decisiones de trading también pueden tener impactos sociales y ambientales. Las formas en que se puede establecer esta conexión son:

1. Inversiones Socialmente Responsables (ISR): Algunos traders y fondos de inversión optamos por practicar la inversión socialmente responsable. Esto implica seleccionar activos basándose no solo en criterios financieros, sino también en consideraciones éticas y sociales. Por ejemplo, se pueden evitar inversiones en empresas involucradas en industrias controvertidas, como armamento o tabaco.

2. Impacto ambiental: Las decisiones de trading también pueden tener implicaciones ambientales. Por ejemplo, la inversión en empresas comprometidas con prácticas sostenibles o tecnologías limpias puede considerarse una contribución positiva desde el punto de vista ambiental.

3. Transparencia y divulgación: Los traders y las instituciones financieras también pueden ser evaluados en términos de su transparencia y divulgación de información. Aquellos que adoptan prácticas transparentes pueden ser percibidos como socialmente responsables, ya que proporcionan información clara sobre sus operaciones y sus impactos.

4. Prácticas laborales: Algunas empresas en las que se invierte pueden tener políticas de trabajo éticas y respetuosas. Los traders podemos considerar estas prácticas laborales al tomar decisiones de inversión, contribuyendo así a la responsabilidad social.

5. Inversión en empresas con valores compartidos: Algunos traders elegimos invertir en empresas que comparten valores similares, ya sea en términos de responsabilidad social corporativa, sostenibilidad o inclusión.

Es importante destacar que la conexión entre trading y responsabilidad social está en constante evolución y puede variar según la perspectiva de los diferentes actores del mercado financiero. Algunos argumentan que la responsabilidad social debería ser una consideración fundamental en el trading, mientras que otros pueden centrarse principalmente en los aspectos financieros. En última instancia, la conexión entre el trading y la responsabilidad social depende de las decisiones individuales y las políticas adoptadas por los participantes en el mercado.

99. ¿Cómo se pueden incorporar criterios éticos y ambientales en el trading?

Incorporar criterios éticos y ambientales en el trading implica adoptar un enfoque más consciente y sostenible al tomar decisiones de inversión. Las formas en las que se pueden integrar estos criterios son:

1. Inversión Socialmente Responsable (ISR): Como he mencionado anteriormente, optar por la inversión socialmente responsable implica seleccionar activos basándose en criterios éticos y ambientales, además de consideraciones financieras. Los inversores podemos evitar empresas que participan en industrias controvertidas o que tienen prácticas negativas en términos sociales o ambientales.

2. Fondos éticos y sostenibles: Considerar la inversión en fondos éticos y sostenibles es otra opción. Estos fondos están diseñados específicamente para alinear las inversiones con valores éticos y sostenibles. Suelen seguir criterios estrictos para excluir compañías que no cumplen con ciertos estándares éticos y ambientales.

3. Análisis ESG (Ambiental, Social y Gobernanza): Integrar el análisis ESG implica evaluar las prácticas ambientales, sociales y de gobernanza de una empresa como parte del proceso de toma de decisiones. Los criterios ESG permiten evaluar cómo una empresa gestiona los riesgos y oportunidades relacionados con aspectos éticos y ambientales.

4. Compromiso activo: Los inversores podemos comprometernos activamente con las empresas en las que invertimos para influir en sus prácticas. Esto puede incluir el diálogo directo con la alta dirección para abogar por cambios en políticas o prácticas que mejoren el impacto social y ambiental de la empresa.

5. Votación en juntas generales de accionistas: Participar en votaciones en juntas generales de accionistas es otra forma de ejercer influencia. Los inversores podemos votar a favor de resoluciones que respalden prácticas éticas y sostenibles.

6. Considerar inversiones temáticas: Algunos inversores eligen invertir en temas específicos relacionados con la sostenibilidad, como energías renovables, tecnologías limpias o soluciones para problemas sociales.

7. Transparencia y divulgación: Buscar empresas y fondos que sean transparentes en cuanto a sus prácticas y políticas éticas y ambientales. La información detallada nos permite a los inversores tomar decisiones más racionales.

8. Formación continua: Mantenerse informado sobre cuestiones éticas y ambientales en el mercado financiero. La formación continua puede ayudarnos a los traders a entender mejor los impactos de nuestras decisiones y a adaptar las estrategias en consecuencia.

Al incorporar estos criterios éticos y ambientales, los traders podemos contribuir a la construcción de un mercado financiero más sostenible y socialmente responsable. Sin embargo, es importante recordar que la integración de estos criterios puede variar según la tolerancia al riesgo y los objetivos de inversión de cada individuo.

100. ¿Qué papel juegan los fondos de inversión sostenible en el trading?

Los fondos de inversión sostenible desempeñan un papel fundamental en el ámbito del trading y la inversión al incorporar criterios éticos, sociales y ambientales en sus decisiones financieras. Estos fondos están diseñados específicamente para invertir en activos que cumplan con ciertos estándares éticos y sostenibles. El papel que juegan los fondos de inversión sostenible en el trading son:

1. Selección de activos éticos y sostenibles: Los fondos de inversión sostenibles seleccionan activos basándose en criterios éticos, sociales y ambientales. Esto implica excluir empresas involucradas en prácticas controvertidas o industrias perjudiciales para el medio ambiente, así como seleccionar aquellas que adoptan prácticas sostenibles y socialmente responsables.

2. Integración de criterios ESG: Los fondos sostenibles suelen realizar un análisis detallado de los factores ambientales, sociales y de gobernanza (ESG) de las empresas en las que invierten. Este enfoque ESG ayuda a evaluar cómo las empresas gestionan los riesgos y las oportunidades relacionadas con aspectos éticos y sostenibles.

3. Compromiso con empresas: Muchos fondos de inversión sostenibles se involucran activamente con las empresas en las que invierten. Esto implica un diálogo directo con la alta dirección para abogar por prácticas más sostenibles, éticas y socialmente responsables.

4. Educación e información: Estos fondos desempeñan un papel educativo al aumentar la conciencia sobre la importancia de la sostenibilidad y la responsabilidad social en el ámbito financiero. Proporcionan información a los inversores sobre el impacto de sus decisiones de inversión y cómo pueden contribuir a un cambio positivo.

5. Desarrollo de inversiones temáticas: Algunos fondos sostenibles se centran en áreas temáticas específicas relacionadas con la sostenibilidad, como energías renovables, eficiencia energética, tecnologías limpias o inclusión social. Esto permite a los inversores canalizar sus fondos hacia sectores que respaldan sus valores éticos.

6. Rendimiento financiero sostenible: Los defensores de la inversión sostenible argumentan que la consideración de criterios éticos y ambientales puede contribuir a un rendimiento financiero sostenible a largo plazo. La idea es que las empresas con buenas prácticas en sostenibilidad y ética pueden ser más resistentes a riesgos no financieros.

7. Influencia en prácticas del mercado: A medida que los fondos de inversión sostenible ganan popularidad, pueden tener una influencia significativa en las prácticas del mercado financiero en su conjunto. Su demanda de activos socialmente responsables puede motivar a más empresas a adoptar prácticas sostenibles.

En general, los fondos de inversión sostenibles desempeñan un papel muy importante al ofrecer a los inversores la opción de alinear sus inversiones con sus valores éticos y sostenibles. Además, contribuyen a la creación de un mercado financiero más consciente y responsable en términos sociales y medioambientales.

101. ¿Cuál es la relación entre la inversión responsable y el rendimiento financiero?

La relación entre la inversión responsable y el rendimiento financiero es un tema debatido y estudiado ampliamente. Existen argumentos a favor y en contra, y la relación puede variar según las condiciones del mercado, las estrategias de inversión y otros factores. Entre los aspectos a considerar sobre esta relación podemos considerar:

1. Rendimiento a Corto plazo vs. Largo plazo:

- Corto plazo: En el corto plazo, los inversores podemos observar fluctuaciones en el rendimiento financiero de activos socialmente responsables en comparación con aquellos que no siguen criterios éticos o sostenibles. Esto puede deberse a la percepción de que las empresas socialmente responsables pueden tener costos adicionales asociados con prácticas sostenibles.

- Largo plazo: Muchos defensores de la inversión responsable argumentan que, a largo plazo, las empresas con fuertes prácticas éticas y sostenibles pueden ser más resistentes y generar un rendimiento financiero sostenible. Esto se basa en la idea de que una gestión responsable de factores ambientales, sociales y de gobernanza (ESG) puede mitigar riesgos y mejorar la posición competitiva a largo plazo.

2. Efecto en la gestión de riesgos:

- Mitigación de riesgos: La inversión responsable a menudo se asocia con una mejor gestión de riesgos no financieros. Las empresas que incorporan criterios ESG en su toma de decisiones pueden estar mejor preparadas para enfrentarse a desafíos relacionados con aspectos éticos, sociales y ambientales, lo que puede contribuir a la estabilidad a largo plazo.

- Mejora de la reputación: Las empresas con prácticas sostenibles y éticas pueden tener una reputación más sólida, lo que puede ser valioso en términos de relaciones con clientes, empleados y la comunidad. La mejora de la reputación puede influir positivamente en el rendimiento financiero.

3. Demanda de inversión responsable: A medida que aumenta la conciencia sobre la sostenibilidad y la responsabilidad social, la demanda de inversiones responsables también ha crecido. La creciente demanda puede influir en la rentabilidad de estos activos, ya que más inversores buscan oportunidades alineadas con sus valores éticos.

4. Estudios empíricos: Algunos estudios empíricos sugieren que las empresas con buenas calificaciones ESG pueden superar a sus pares en términos de rendimiento financiero a largo plazo. Sin embargo, es importante tener en cuenta que los resultados pueden variar y dependen de múltiples factores.

Es necesario reconocer que la relación entre la inversión responsable y el rendimiento financiero es compleja y multifacética. No hay una respuesta única que se aplique a todas las situaciones. La toma de decisiones de inversión debe basarse en una comprensión cuidadosa de los objetivos del inversor, el horizonte temporal y la tolerancia al riesgo, así como en la evaluación de factores ESG específicos para cada inversión.

BIBLIOGRAFÍA

- *The essays of Warren Buffett* de Warren Buffett y Lawrence A. Cunningham.
- *The disciplined trader* de Mark Douglas.
- *Análisis técnico de los mercados financieros* de John J. Murphy.
- *A random walk down Wall Street* de Burton G. Malkiel.
- *El inversor inteligente* de Benjamin Graham.
- *Candlestick charting explained* de Gregory L. Morris.
- *Mind over markets* de James F. Dalton.
- *Market wizards* de Jack D. Schwager
- *Japanese candlestick charting techniques* de Steve Nison.
- *Un paso por delante de Wall Street* de Peter Lynch.
- *Total money makeover* de Dave Ramsey.
- *Thinking, fast and slow* de Daniel Kahneman
- *Vivir del trading* de Alexander Elder.
- *Your money or your life* de Vicki Robin y Joe Dominguez
- *Los cuatro pilares de la inversión* de William J. Bernstein.
- *The psychology of trading* de Brett N. Steenbarger.
- *Batiendo a Wall Street* de Peter Lynch.
- *El método Wyckoff* de Enrique Díaz Valdecantos.
- *Options as a strategic investment* de Lawrence G. McMillan.
- *Padre rico, padre pobre* de Robert T. Kiyosaki.
- *The bogleheads' Guide to Investing* de Taylor Larimore, Mel Lindauer y Michael LeBoeuf.
- *The encyclopedia of trading strategies* de Jeffrey Owen Katz y Donna McCormick.
- *Cómo ganar dinero con las acciones* de William O'Neil.
- *Memorias de un operador de bolsa* de Edwin Lefèvre.
- *Trend following* de Michael W. Covel.
- *El pequeño libro para invertir con sentido común* de John C. Bogle.
- *Piense y hágase rico* de Napoleon Hill
- *Los secretos de la mente millonaria* de T. Harv Eker.
- *Money: master the game* de Tony Robbins.
- *The Dow theory* de Robert Rhea.

- *El cuadrante del flujo de dinero* de Robert T. Kiyosaki.
- *La semana laboral de 4 horas* de Timothy Ferriss
- *Trading en la zona* de Mark Douglas.
- *Market mind games* de Denise Shull.
- *The psychology of trading* de Brett N. Steenbarger.
- *The art of execution* de Lee Freeman-Shor.

OTRAS PUBLICACIONES DEL AUTOR

- *Directos a la Libertad Financiera: Dominando el arte del trading* - (2023) – Idioma: castellano – Autor: Rufino Villén Fernández.
- *Direct Path to Financial Freedom: Mastering the art of trading* -(2023) – Idioma: inglés – Autor: Rufino Villén Fernández.
- *TOP SECRET: BITCOIN Y OTRAS CRIPTOMONEDAS (Operando con medias móviles)* - (2021) – Idioma: castellano – Autor: Rufino Villén Fernández.
- *TOP SECRET: DAX 40 (Operando con medias móviles)* - (2021) – Idioma: castellano – Autor: Rufino Villén Fernández.
- *TOP SECRET: EURO STOXX 50 (Operando con medias móviles)* - (2019) – Idioma: castellano – Autor: Rufino Villén Fernández
- *TOP SECRET: FTSE MIB (Operando con medias móviles)* - (2019) – Idioma: castellano – Autor: Rufino Villén Fernández.
- *TOP SECRET: IPC MÉXICO (Operando con medias móviles)* - (2018) – Idioma: castellano – Autor: Rufino Villén Fernández.
- *TOP SECRET: FTSE 100 (Operando con medias móviles)* - (2018) – Idioma: castellano – Autor: Rufino Villén Fernández.
- *TOP SECRET: S&P 500 (Operando con medias móviles)* - (2017) – Idioma: castellano – Autor: Rufino Villén Fernández.
- *TOP SECRET: CAC 40 (Operando con medias móviles)* - (2017) – Idioma: castellano – Autor: Rufino Villén Fernández.
- *TOP SECRET: DAX 30 (Operando con medias móviles)* - (2016) – Idioma: castellano – Autor: Rufino Villén Fernández.
- *TOP SECRET: IBEX 35 (Operando con medias móviles)* - (2016) – Idioma: castellano – Autor: Rufino Villén Fernández.
- *GANADOR O PERDEDOR: La clave del éxito… y algo más* - (2016) – Idioma: castellano – Autor: Rufino Villén Fernández.
- *GANADOR O PERDEDOR: Todas las cosas que debes saber para*

invertir en todos los Mercados Internacionales Bursátiles... y algo más - (2015) – Idioma: castellano – Autor: Rufino Villén Fernández.

- *WINNER OR LOSER: Everything you need to know to invest in International Stock Exchange... and something else* (2015) – Idioma: inglés – Autor: Rufino Villén Fernández.

- *ПОБЕДИТЕЛЬ ИЛИ НЕУДАЧНИК: все, что Вам нужно знать о том, как инвестировать в Международные Фондовые Биржи... и еще кое-что* (2015) – Idioma: ruso – Autor: Rufino Villén Fernández.

www.ingramcontent.com/pod-product-compliance
Lightning Source LLC
Chambersburg PA
CBHW070904290526
45795CB00001B/226